"至乐"教育案例集

主编 游向红

编委 陈 洁 陈文娟 张 俣
　　 许 蓓 王哲雅 郑宝军

学苑出版社

图书在版编目（CIP）数据

"至乐"教育案例集 / 游向红主编．
—北京：学苑出版社，2015.11

ISBN 978-7-5077-4931-1

Ⅰ.①至… Ⅱ.①游… Ⅲ.①幼儿园—教学活动—教案（教育） Ⅳ.① G612

中国版本图书馆 CIP 数据核字（2015）第 283806 号

责任编辑：任彦霞
特约编辑：《学前教育》编辑部
出版发行：学苑出版社
社　　址：北京市丰台区南方庄 2 号院 1 号楼
邮政编码：100079
网　　址：www.book001.com
电子邮箱：xueyuanpress@163.com
销售电话：010-67601101（销售部）、67603091（总编室）
经　　销：全国新华书店
印 刷 厂：北京京华虎彩印刷有限公司
开本尺寸：710mm×1000mm　1/16
印　　张：13.5
字　　数：232 千字
版　　次：2015 年 11 月北京第 1 版
印　　次：2015 年 11 月北京第 1 次印刷
定　　价：39.00 元

# 序

快乐在路上
——《"至乐"教育案例集》出版前夕

这本书终于要出版了,捧着厚厚的校对稿,心中盈满了繁花盛开的喜悦与欣喜,50多个故事,讲述并展现着孩子们自主、快乐成长的轨迹与点点滴滴,50多篇案例,记录并凝结着《3-6岁儿童学习与发展指南》(简称《指南》)指导下丰台二幼教师在追求"至乐"教育中探索的脚步与心路历程。

教育创造人类的未来,教育是人持续发展的前提。"真正的教育如何发生,在学习的过程中如何享受生命的乐趣"是古今教育者探索的永恒主题。

孔子曰:"知之者不如好之者,好之者不如乐之者。"这是教育的最高境界,也是人生命的臻境,是实现人可持续发展的最高目标。丰台二幼"至乐教育"倡导"让儿童按照自己内在的节律起舞",我们教育的根本目的是让儿童追求"创造即享受"的精彩人生,我们着力教育关键的两件事:一是自主发展,二是培养积极的人生态度。我们教师的价值意义就是"顺木之天,以致其性",让真正的教育在儿童真正需要的时候发生。

教育超前是一种"拉扯",滞后是一种"拖累",为此,我们的教师们在积极探寻着"学"与"生"的秘密,在探寻着每个孩子自己成长的"道"的路径,在探寻着在儿童成长"拔节"时给予的那股力量,也品味着活动创造带给儿童"至乐"的妙境,享受着自己创造教育的欢喜与满足。

读着一篇篇案例，我的眼前呈现着"小小插片"里那个男孩对自己宏大精神世界构建的那幅蓝图，呈现着"稚美童音"唱出的那天籁般和谐美妙的真善美的世界，呈现着要"过有意思的生活"的儿童举杯庆祝表达对美好生活的追求与向往，也呈现着老师们每一次在教育故事分享会上那生动的、绘声绘色的讲述，为儿童精彩的创造激动不已的感动。当然，这其中也呈现着教师们为寻找适宜的教育之策时所付出的努力和思考。

这本书里记录了丰台二幼教师们在践行《指南》过程中的理解、感悟、思考与创新，记录着对儿童成长的责任和浓浓的爱与关怀，更记录着对教育的情怀、梦想与追求。我们也期望教育同人在见证我们成长的同时给予我们指导和帮助。

园长：游向红
2015 年 7 月

目录

五大领域中的儿童整体性发展

小班 ……………………………………………………（002）

花口罩戴起来 ……………………………… 冀彦娟（002）

我和蔬菜做朋友 …………………………… 许 蓓（005）

让孩子们快乐地进餐 ……………………… 杨 颖（009）

有趣的穿衣儿歌 …………………………… 冀彦娟（012）

宝宝养蚕记 ………………………………… 甄 娜（015）

地震来了不要慌 …………………………… 冀彦娟（019）

我给妈妈送红包 …………………………… 冀彦娟（023）

感恩在行动 ………………………………… 李 霞（026）

小三班的团圆饭 …………………………… 王哲雅（029）

娃娃走丢了 ………………………………… 王哲雅（032）

"新绘本"与爱的教育 …………… 甄 娜（035）

小小演说家 …………… 李 霞（039）

缤纷的"格子节"… 许 蓓 赵 迪（043）

小点点旅行记 …………… 郑宝军（046）

中班 ……………………………………………………（049）

小小感冒被赶跑 …………… 李 霞（049）

自然角里的"毒蘑菇" ………………………………… 杨　颖（052）

恐龙的世界 ……………………………………………… 张燕苹（055）

走进圆明园 ……………………………………………… 段文谢（059）

发现丰台之美 …………………………………………… 刘玲玲（062）

奶奶的美 ………………………………………………… 郑宝军（065）

绘画在绘本教学的作用 ………………………………… 刘玲玲（068）

影子的联想 ……………………………………………… 郑宝军（070）

舞出精彩，舞出快乐 …………………………………… 马　涛（072）

大班 …………………………………………………………（075）

地球招聘清洁工——对抗雾霾环保教育活动 ………… 左晶伟（075）

品味自主，乐享美食 …………………………………… 王　琳（079）

和自然角的小苗一起成长 ……………………………… 陈文娟（081）

奔跑吧，小宝贝——在生活中运用数学 ……………… 李　晴（084）

小种子快发芽 …………………………………………… 左晶伟（087）

争做环保小卫士 ………………………………………… 郑宝军（090）

一件爱的礼物 …………………………………………… 郑宝军（092）

幸运宝贝——红包抽抽乐 ……………………………… 左晶伟（096）

特殊的辩论会 …………………………………………… 陈文娟（099）

我是辩论达人 …………………………………………… 李　晴（102）

"大嘴巴"故事会 ………………………………………… 王素玉（105）

让折纸"玩"起来 …………………………………… 陈文娟（108）

走进春天，放飞梦想——做风筝 ………………… 李　晴（113）

独一无二的灯笼 …………………………………… 王素玉（116）

自主游戏中实现幼儿的主动学习

小班 ……………………………………………………（122）

我的游戏我做主 …………………………………… 王哲雅（122）

彩带舞，表演区亮丽的风景 ……………………… 许　蓓（125）

快乐的小舞台 ……………………………………… 许　蓓（132）

我爱饼干 …………………………………………… 许　蓓（135）

中班 ……………………………………………………（138）

小小图书馆 ………………………………………… 吴　琼（138）

真实材料带给儿童的变化 ………………………… 张燕苹（141）

小课堂，大天地 …………………………………… 段文谢（144）

大班 ……………………………………………………（146）

百变商店，自主成长 ………… 左晶伟（146）

我的舞台我做主 ……………… 郑宝军（149）

不同的植物如何浇水 ………… 王素玉（154）

自己拍摄公益广告 …………… 王素玉（156）

小小插片　创意无限 ………… 王哲雅（160）

带小花回家过年 ……………………………………… 张彩霞（164）

家园共育创造和谐的成长环境

辣妈酷爸进课堂 …………………………………… 王哲雅（168）

微信在家长工作中的力量 ………………………… 游向红（170）

幼儿园门口哭泣的爸爸 …………………………… 甄　娜（174）

让新入园幼儿家长不再焦虑 ……………………… 陈文娟（177）

幸福的仪式　爱的印记——绘本《魔法亲亲》让家长和孩子走出"分离焦虑"
　………………………………………………… 游向红（179）

父爱在身边 ………………………………………… 刘玲玲（183）

教育思考让教师与儿童共成长

让教育发生在儿童真实的生活中 ………………… 游向红（186）

珍视孩子的游戏 …………………………………… 陈　洁（190）

《好饿的毛毛虫》是这样阅读的 ………………… 游向红（193）

等待是一种智慧 …………………………………… 陈　洁（196）

让心灵到达孩子的世界 …………………………… 陈　洁（198）

活动区中的新气象 ………………………………… 张　俣（201）

新材料的探索 ……………………………………… 张　俣（204）

发挥教师特长，引领自主发展 …………………… 张　俣（206）

五大领域中的儿童整体性发展

儿童是完整而具有丰富可能性的人，儿童的发展是一个整体，因此"至乐教育"课程实施过程中特别关注儿童学习与发展的整体性。"至乐教育"对课程的基本主张中强调课程应源于儿童内在需要，应回归儿童生活，必须适合儿童的学习方式，能够关注个体生命价值。我们主要从三个方面入手：首先关注一个核心，即以尊重儿童为前提，以儿童为本，顺应孩子的需要，尊重每一个孩子成长的规律，了解儿童、基于儿童、回归儿童、发展儿童。第二，强调两个维度，即在时间维度上强调为儿童一生的发展奠基，在空间维度上突破传统的课堂教学，整合各种教育资源，丰富课程内容。第三，整合园所资源、社会资源和家长资源。

在具体的五大领域活动中，重视家庭、文化、社会以及生活经历、知识经验和现实环境对儿童的影响，每个具体的活动内容都从儿童的学习与发展出发，由教师、儿童、家长相互配合，共同完成。同时实现课程内容的整合，注重各领域、目标间的相互渗透和整合，将"自然"和"社会"整合起来，在课程设计过程中将以季节变更和社会性节日为主线的相关内容进行合并；在课程实施的途径上，将游戏、教学、参观、劳动、娱乐和日常生活等各种活动互相配合，发挥各自的独特作用，进行优势互补；在课程实施的过程上，把情感、认知、行为、能力的培养过程互相结合在统一的过程中，以儿童积极体验为中心，将教育过程的知识性、趣味性、情境性和活动性有机地结合起来，将儿童认知、情感、行为等方面的教育紧密结合起来，培养其对生命意义的尊重、对自然的敬畏，促进儿童身心全面协调发展。

健康

花口罩戴起来

冀彦娟

一本有意思的书

今天铭铭带来了一本故事书《小河马的大口罩》,孩子们围着铭铭一起看着这本书。雯雯说:"我也有口罩,我上医院看病就戴口罩。"谦谦说:"雾霾天里,我上幼儿园也戴口罩,我都喘不过来气了。"王茜说:"妈妈说雾霾有毒,让我戴口罩,我不喜欢,我都不像小公主了。""我不喜欢戴口罩。""我也不喜欢戴口罩,妈妈每次让我戴我都不戴。""妈妈给我戴的口罩是白色的,一点儿都不漂亮。"孩子们相互交谈着,讲述着自己的体会和感受。雾霾是什么?为什么雾霾天要戴口罩?为什么雾霾天我们不能到外面去玩?一个又一个的疑问激发了孩子们对雾霾的好奇心。

一节有趣的环保课

面对孩子们的疑问,我用图片、故事带领孩子们寻找答案。当孩子们看到雾霾天气与晴朗天气下天安门的对比照片时,刚刚还安静的活动室一下又热闹了起来。孩子们开始七嘴八舌地讨论。铭铭说:"雾霾天都让我看不清天安门了!"

淘淘说:"妈妈说雾霾天里在外面不要说话,嘴巴一张开,毒气就从嘴巴里进去了,小朋友就会生病。""对,爸爸说毒气跑到肚子里会生病的。"优优赞同淘淘的说法。孩子们已关注到了雾霾的危害。我静静地听着孩子们的议论。"奶奶说,雾霾天我们就像生活在脏水里的鱼一样,好难受啊!"沐晨说。斯勉接着说:"雾霾有毒!会让我们咳嗽,我不喜欢雾霾天。""我也不喜欢雾霾天,我们不能到外面运动,我们一定要抓住雾霾这个坏东西!"桐桐的提议引起了大家的共鸣。"我们请爸爸、妈妈帮忙一起找一找雾霾藏在哪里,大家一起消灭它吧!"于是我和孩子们商量好,回家后请爸爸、妈妈帮忙找一找雾霾藏在哪里了。

雾霾藏在哪里

在爸爸、妈妈的帮助下,第二天,孩子们将收集的各种有关雾霾的信息带到了班中。壮壮说:"我找到了雾霾这个大妖怪,它藏在工厂的烟囱冒出的烟里。"雯雯说:"我也找到了雾霾这个大妖怪,它藏在过年时放的烟花爆竹里。"优优指着一辆汽车的图片说:"雾霾还藏在汽车的尾气里。"我也将雾霾的形成过程通过 PPT 展示给孩子们看,孩子们对雾霾的了解进一步加深了。

雾霾歌谣传递温馨提示

为了拓展孩子们的经验,让孩子们对雾霾天气有正确的认识,了解雾霾天如何保护自己,并学习自我防护的方法,我们一起创编了防雾霾的歌谣:

> "雾霾天,真厉害。天空中,白茫茫。小朋友们看不清,嗓子哑,呼吸难。出门别忘戴口罩,回到家先洗脸来勤洗手,多吃蔬菜和水果。出门尽量少开车,保护环境最重要!!"

孩子们还将共创的歌谣教给爸爸、妈妈,温馨提示传递到了每个家庭。

花口罩的诞生

对于雾霾的危害孩子们虽已了解，但对于雾霾天出门要戴口罩，班中的有些孩子还是不太情愿，孩子们七嘴八舌地议论着。我插话道："那么雾霾这么大，我们不戴口罩就会生病，我们该怎么办呢？"这下，叽叽喳喳的孩子们顿时安静下来，面面相觑，不知道如何回答。内向的沐阳突然开口打破了寂静："我们画一个自己喜欢的大口罩吧。"我欣喜地摸了摸沐阳的头说："好聪明的建议啊。"在沐阳的建议下，孩子们在白色的口罩上用自己喜欢的颜色绘制着自己心目中的口罩。不一会儿，孩子们手中的一个个花口罩就诞生了。"我的花口罩最漂亮""我的也最漂亮""雾霾天我要戴我画的漂亮口罩""我要把漂亮口罩送给妈妈""我也要送、我也要送"……孩子们挥动着手中的花口罩说着、笑着，兴奋不已。

花口罩传递着孩子们的爱

当家长们收到孩子们为他们亲自绘制的花口罩时激动不已，他们感慨道："收到宝贝的第一件礼物，防雾霾花口罩，创意太好了，我们感到很温暖！""宝贝汇报了和老师共同创编的防雾霾伤害的儿歌，还有手绘口罩奉送，口罩送给了爸爸，回家又给妈妈绘制了一个。好感动啊！原来防雾霾也要从娃娃抓起。""超赞的生活常识课，雾霾来了怎么办？少到户外，少开车。多吃蔬菜，勤洗手，小小口罩别忘带。还为妈妈亲自绘制了漂亮的花口罩，雾霾天我一定会戴上儿子给予我的爱！"

无意间一次关于雾霾天的讨论，激发了孩子们对于自然和生活的兴趣与热情，作为教师，我们愿意用细心的观察和自觉的行为去影响、引导孩子，并鼓励孩子自主探索与实践。而环保，更需要我们每一个人努力，从每一个年幼的孩子开始培养环保意识。

我和蔬菜做朋友

许 蓓

幼儿阶段是儿童身体发育和机能发展极为迅速的时期,《指南》中指出,应该帮助幼儿了解食物的营养价值,引导他们养成不偏食不挑食的健康饮食习惯。但是,小班幼儿刚刚入园,他们在家庭中的饮食习惯各不相同,入园后在进餐中显现出各种问题:挑食、偏食、不爱吃蔬菜……怎样培养孩子们吃蔬菜的习惯呢?教育活动即使设计得再精彩,也不能让幼儿对蔬菜产生喜爱的情感;奖励机制可能让幼儿暂时吃进去部分蔬菜,但这也只是被动地让他们接受这些本来不喜欢的蔬菜。幼儿的真教育来自于生活,生活对于幼儿的影响是无声的、潜移默化的,同时也是巨大的。就这样,"让幼儿爱上蔬菜"的活动设想,在我的脑海中逐渐生成。

经过和孩子们共同商议,我们决定在丰收的秋天集体去采摘。活动一经决定,马上在孩子们中间激起了不小的波澜。孩子们好奇地问:"老师,我们上哪儿采摘啊?""我们要摘什么呀?""我们怎么去呀?"针对孩子们七嘴八舌的疑问,我微微一笑,故作神秘地告诉他们:"采摘园可是一个好玩又神秘的地方,那里的蔬菜宝宝和我们平时吃的可不一样哦!"其实,对于小班小朋友的这些疑问,我们早就有过很多设想。当然,我们已经先和家长们商量好,去采摘前,要多让孩子们参与到平时做饭的准备环节,我们在幼儿园也会组织更多活动帮助幼儿初步认识蔬菜。一场生动有趣的蔬菜大探索活动拉开了序幕。

一篮蔬菜我来择

在幼儿园,我运用食堂每周送菜的时机,带小朋友们一起认识了很多蔬菜。又到了每周运送蔬菜的时间了,孩子们翘首企盼在幼儿园的大门口,运送蔬菜的车刚刚驶进幼儿园所在的小区,眼尖的孩子就发现了。他们叫着:"菜来了,菜来了!"然后,小鸟一般叽叽喳喳地向食堂跑去。看着一箱箱的蔬菜从车上搬运到地上,孩子们发出一阵阵惊呼。有的孩子蹲在蔬菜筐旁边,偷偷地用手摸了摸芹菜新鲜的叶片。多多指着地上的芹菜问我："老师，咱们今天中午吃的是这个菜吗？"我说："我看到食堂的食谱上写了今天是西芹百合、土豆牛腩。"小雪说："西芹百合里面就有芹菜，我在家帮妈妈择菜的时候妈妈说的。"

听到小雪一说，孩子们都七嘴八舌地说："我在家也择菜！""我也会"……多多问我："老师，我们能不能今天也帮幼儿园择菜呀？"我说："这你就要问问食堂的老师们了。"多多大方地走到幼儿园厨师的面前询问是否能够帮忙，征得同意以后他笑着跑回来说："刚才厨师说可以！"班中小朋友的兴趣一下子被激发出来。大家欢呼着，将一篮子芹菜抬了回来。

"芹菜怎么择呢？"我问孩子们。

吉吉说："我知道！就是把叶子都择掉。"

"不对！我妈妈说小小的（嫩的）叶子可以吃，不用择掉。"楚凝说。

"用择。"

"不用择。"……

小朋友们为了芹菜叶子是否能吃争执起来。最后在大家的商量下，我们分成了两组，一组小朋友将嫩叶择下来保留，另一组将全部的芹菜叶子择掉。孩子们说干就干，大家卷起袖子，洗手，择起菜来。很快，芹菜被择好放进盆中被送进了食堂。

午餐来了，孩子们期盼已久的西芹百合闪亮登场。食堂的厨师特地将孩子们择的芹菜叶子也放到其中，孩子们品尝着自己亲手择的芹菜，嘴里发出清脆的"咔嚓咔嚓"的声音，以前不喜欢吃芹菜的小朋友也用小勺子将芹菜和芹菜叶子放进嘴里，大口大口地吃了起来，一边嚼一边说："芹菜真香！""芹菜叶子真好吃。"通过自己择菜，孩子们也逐渐喜欢上了吃蔬菜。

一起采摘收获多

采摘的日子终于来到了。孩子们和家长们刚一来到蔬菜大棚就惊呼起来，从未见过菜园的他们被整齐种植的萝卜秧、大白菜，交错的白薯秧，一排排绿色长廊一样的豇豆、豆角，一颗颗鲜红透亮的西红柿惊呆了。

我用提问引导幼儿："今天我们要选出蔬菜之最，小朋友想想看可以是最什么呢？""最大！"有的孩子说。"最长！"有人接着说。"最小！""最短！""最圆！""最漂亮！"……孩子们抢着回答。采摘开始了，小朋友和家长们冲进

了菜园。接下来的时间,孩子们纷纷动手采摘蔬菜,他们用豇豆比长短、挖白薯比大小、摘西红柿比较颜色深浅……有的小朋友和家长三三两两地坐在一起,将采摘的蔬菜进行分类;有的孩子认真地观察着豆角藤上,豆角花到豆角的变化;有的孩子观察到这些蔬菜的叶子长得不同;有的孩子发现了根茎菜和绿叶菜生长部位的不同。

采摘活动让孩子们不仅仅加深了对蔬菜生长的认识和对蔬菜的喜爱,更让孩子们在玩中感受了大小、长短、多少、如何分类等,在温馨欢乐的气氛中让孩子们体验到与自然和谐相处的快乐,与爸爸妈妈共同游戏的乐趣。

一园蔬菜成了精

幼儿园开展的择菜和采摘活动受到了孩子们的一致肯定。孩子们每天都在谈论自己喜爱的蔬菜,就连以前有些挑食的孩子也对蔬菜兴趣大增。有的孩子问我:"老师,我们什么时候还去采摘蔬菜呀?"我说:"不如我们想想办法,在幼儿园自己种植自己采摘吧!"我的提议得到了孩子们的一致认可。"可是在哪里种?种什么呢?"我故作为难,大家纷纷出主意。

"我们在自然角种吧,我妈妈就在阳台种菜。"楚凝说。

"我姥姥种过西红柿,就长在花盆里。"欣宝说。

"我爷爷种菜,我就吃爷爷种的菜。"阳阳说。

孩子们七嘴八舌地出主意,大家共同商讨,将班级的阳台改造成小小蔬菜园。大家将收集来的蔬菜种子、在水果摊回收到的泡沫箱带到幼儿园中,有的孩子将擅长种植的爷爷奶奶请到幼儿园和小朋友一起种植蔬菜。大家从育苗、挖坑、浇水、施肥共同探索,一起动手。为了能够让班里的小菜园顺利长出蔬菜,每个小朋友都积极地参与其中……

有一天,我找来了绘本《一园蔬菜成了精》和孩子们一起阅读。本来就对蔬菜产生浓厚兴趣的孩子们,纷纷模仿起其中的莲藕大王、胡萝卜将军;有的孩子双手合十放在头顶,学着其中的葫芦大炮发射炮弹;有的孩子看到黄瓜甩起扫堂腿,也有模有样地学着蹲在地上伸出脚。孩子们问我:"老师,咱们种的小蔬菜会不会也成了精呀?"我问他:"咱家的蔬菜成了精,他们会干什么呢?""会踢球!"男孩子们说。"会上幼儿园吧!"小雪说。"哈哈……蔬菜也上幼儿园……"小朋友们都笑了。我将孩子们的想法一一记录下来,和他们共同将这些美好的记忆和想法呈现在主题墙上，孩子们还兴致勃勃地排练了原创的音乐童话剧《一园蔬菜成了精》。

现在，孩子们都和蔬菜成为了朋友，以前挑食的小朋友现在都爱上了蔬菜，他们的想象力、观察力和动手能力也在活动中迅速发展起来，孩子们的变化让我感慨万千。教育源自于生活，教育体现在每一日的点点滴滴中，老师要做一个善于发现的人，让孩子们成为活动的主人，实现孩子们自主、快乐地发展。

让孩子们快乐地进餐

杨 颖

我班幼儿年龄整体偏小，各方面发展相对大年龄的班级就显得偏弱，尤其是在吃饭的问题上，不是不爱吃菜就是吃得慢。比如，敏宇、茜茜、嘟嘟等几名幼儿看着饭菜就是不吃，老师喂一口吃一口；源源、依依等大部分幼儿不爱吃菜，每次都是饭吃没了菜还一口没动。所以，每次吃饭成了我班的一个大问题，几名老师一起忙活还是吃到最后一个班送碗，有的时候甚至影响下面的活动安排。

针对我班幼儿吃饭存在的问题，我首先对班级幼儿的家庭情况进行了调查分析，从生长环境情况了解到我班大部分幼儿都是由老人带大，孩子被百般宠爱，直到现在，很多孩子吃饭还是追着喂，而且是爱吃什么就给做什么，不爱吃就不吃。孩子在幼儿园的表现与他们的家庭生活和教育分不开，孩子们习惯了这种百依百顺，所以对于不喜欢的、不愿做的事情就没有商量的余地；也正因为孩子们从小没有养成吃菜的习惯，没有培养出口味，所以现在挑食的现象比较严重。

其次，我也认真地分析了幼儿在幼儿园里进餐的情况，由于我们过分地关注，强化了孩子们挑食、不爱吃饭的情绪，使吃饭成为心理负担。另外，造成孩子们吃饭困难也与我们进餐护理过程中的方法不恰当有着密切的关系。在进餐护理中，我们关注的是让孩子把饭吃下去，吃够量，却没有细心地体察孩子是怎么吃进去的，缺乏对吃不进饭的孩子情绪上的认同与理解。为了能使本班幼儿都能达到饭量而不剩饭菜，我们常采用多种方法劝饭、添饭。

转变观念，家园配合

随着社会的进步，科技的发展，人们对健康有了更深的理解。现代"健康"已不仅仅是传统上认为的身体强壮、发育正常、无缺陷，还包括心理健康，它涉及认知、情绪、情感、个性、人际交往等多方面。因此，在幼儿园中要保证幼儿的健康成长，教师就必须做好包括身体和心理两大方面的工作。也就是说，教师不仅要照顾幼儿的身体发育，还要对幼儿的心理加以保护。因此，进食问题不能仅从身体健康考虑，还要从促进幼儿身心健康的角度来考虑。所以，我们在做好家长工作的同时，注意改善幼儿的进餐环境；在护理过程中，力求尊重每一个孩子的需要和特点，做到科学饮食、限量饮食。

为了解决孩子们进餐中存在的问题，我分别从家庭、幼儿园两方面入手，首先与家长沟通，希望家长配合做到以下几点。

1. 转变老人的观念，尽量不要对孩子不合理的进餐要求百依百顺，以帮助孩子养成良好的进餐习惯。

2. 增加食物的种类、扩大食物范围，尽量变换饭菜花样。对孩子不熟悉的食物采取先小量混合在熟悉的食物中一起做，帮助慢慢习惯它的味道的方法，让孩子熟悉、习惯，甚至慢慢喜欢。

3. 引发孩子对食物的兴趣。可以用小故事启发孩子，如"某某就是吃了什么才长得高，成了冠军""某某动画明星，很喜欢吃鸡蛋才有本领"……

4. 父母要树立起不挑食的榜样。

我和蔬菜做朋友

在幼儿园，我也采取了一些方法帮助孩子们逐渐接受各种蔬菜，做到不挑食。首先，我与孩子们进行沟通，倾听他们的心声，了解孩子们都喜欢吃什么蔬菜，不喜欢吃什么，为什么。在了解的基础上，我认真分析，发现孩子们普遍不喜欢吃绿叶菜和颜色比较深的蔬菜。于是，为了让孩子们喜欢上蔬菜，我开展了"蔬菜朋友来我班"的活动，邀请大班的小朋友扮演孩子们不喜欢吃的蔬菜，分别介绍自己的作用，让孩子们和每个蔬菜做朋友。孩子们对这个活动非常感兴趣，从而对这些蔬菜有了进一步的认识和了解。

我愿意做值日生

除此之外，为了淡化一些幼儿对吃饭存在的紧张与焦虑情绪，我们注意多让这些幼儿做值日生，请他们为小朋友们发勺子，甚至可以和保育老师一起为小朋友们分菜。我发现每次做值日生的小朋友都非常认真，最后坐到自己的座位上，都能够带着笑容大口地吃。家长也反映孩子回家很高兴地和家人讲述做值日生的事情，而且表示要好好吃饭，每天都做值日生。

我的小菜园

为了不断激发孩子们对蔬菜的兴趣,我带领孩子们一起在班中的自然角种植蔬菜,种植的蔬菜品种都是孩子们自己挑选的,还有一些是老师特意种的孩子们不太喜欢吃的蔬菜,如油菜、蘑菇等。我和孩子们一起了解各种蔬菜的特性,研究怎么才能让自己的小蔬菜茁壮成长,孩子们对自己种的蔬菜关怀备至,每天都认真地观察、浇水,一段时间后蔬菜小苗不断长高。成熟的时候是孩子们最兴奋的时刻,孩子们将蔬菜取出洗干净,并亲自送到了食堂厨师的手中。午饭的时候,孩子们吃着自己种的蔬菜别提多开心了。

通过这一案例,我意识到面对儿童成长发展过程中出现的一些问题,作为教师的我们迫在眉睫的事情并不是急于施教于人,而是要耐心细致地观察孩子,客观、冷静地审视和反思自己的工作,真正地从孩子的需要去调整、改进自己的教育策略。

有趣的穿衣儿歌

冀彦娟

午睡后的小插曲

温柔而轻快的起床音乐声响起,早已睡醒的孩子们一跃而起:"起床喽!起床喽!"他们边下床边试图唤醒旁边还沉浸在睡梦中的同伴。动作快的孩子已来到了活动室穿起衣服,还不忘和伙伴们聊聊天。这边谦谦揉揉惺松的眼睛,抓起上衣穿了起来,然后走到我面前说:"老师,帮我系扣子。"我看了看谦谦前后穿反的衣服,笑着对她说:"宝贝儿,衣服的前后穿反了,扣子怎么跑到后面来了?"我将谦谦的衣服脱了下来,让她自己调整过来。不一会儿,谦谦又来到我面前,看着她再次前后穿反的衣服,还没等我说话,谦谦低着头小声说:"老师,我就要这么穿,你帮我系扣子好吗?"面对反常的谦谦我蹲了下来,笑着说:"老师可以帮你系扣子,但你能告诉我,你的衣服为什么要前后反着穿吗?"谦谦低着头不好意思地说:"系扣子一点都不好玩,我系不好,想让老师帮我系。"

真好玩!我也要试试

第二天午睡后,孩子们像往常一样来到了活动室准备穿衣服,我拿着事先准备好的开身系扣上衣,边穿边说起了事先准备好的穿衣儿歌。"抓衣领准备好,好看的图案贴身上。甩一甩披肩上,小手快来钻山洞。钻了这个钻那个,再把衣服扣系好。"我的做法吸引着班中的每个孩子,正在忙碌中的孩子们停下了。我笑了笑接着说:"小扣眼是袋子,小扣子是果子。小朋友准备好,从下往上装果子。慢慢装别着急,果子装到袋子里。我的扣子系好了,我的衣服穿好了。"看到我的衣服在儿歌的伴随下穿好了,孩子们高兴地鼓起了掌。此时的谦谦笑得非常开心。我的搭档也不甘示弱,她拿起了事先准备好的钻头的衣服,边穿边说起了有趣的穿衣儿歌:"小小老鼠钻洞子,大洞进,小洞出。钻了洞子上房子,上

了这边，上那边，叽里咕噜滚下来，我的衣服穿好了。"此时的孩子们从椅子上站了起来，他们蹦跳着、呼喊着："真好玩！真好玩！我也要试试。"

让我们兵分两路

在我们的召唤下，孩子们兵分两路。穿开身衣服的孩子围在我的身边，不太熟练地说着穿衣儿歌，兴致浓厚地穿着自己的开身衣服，将自己衣服上的"果子"从下往上装到自己的"袋子"里。此时的谦谦边系扣子边说："我又装进去了一个果子，真好玩！我是不是很棒？"我笑着给她竖起了大拇指。搭档那边，孩子们拿着自己的套头衣服当起了"小老鼠"，他们边玩着"小老鼠"上房子的游戏，边将自己的套头衣服穿在了身上。

有趣的穿衣儿歌，让孩子们在快乐中成长

在穿衣儿歌的伴随下，孩子们穿衣的兴趣愈来愈浓厚。午睡后，活动室里，孩子们边说儿歌边穿衣。看！今天淘淘穿来了拉拉锁的开身马甲，她为大家表演了她拉拉锁的好玩游戏：小人坐进电梯里，坐稳之后往上走，一层楼、两层楼、三层楼，我的衣服拉锁拉好了。

户外活动开始了，在淘淘的带领下孩子们将马甲穿在身上，边说着拉拉锁的儿歌，边认真地拉着马甲上的拉锁。"老师，我成功了，我的拉锁拉好了。""我的拉锁也拉好了。"……通过这些生动有趣、朗朗上口的儿歌，孩子们渐渐地对穿衣服感兴趣了。孩子们边说边做，在快乐中成长着！

爸爸、妈妈看过来

好强、好动是孩子们的天性。在班中孩子们的提议下，我们邀请爸爸、妈妈参与我们的活动，开展了"穿衣比赛我最棒"的活动。本次活动我们以《指南》为指导目标，尊重和满足孩子不断增长的独立需要，避免过度保护和包办代替，鼓励幼儿进行自理、自立的尝试，并从幼儿的年龄特点和心理特点出发，充分发挥幼儿自身的主动性和积极性。

老师的口令刚刚发出，一个个稚气可爱的孩子们就双手捏着衣领向后一甩，披衣、伸袖、拉拉链，调整扣子，有的孩子还不忘瞧瞧同伴们的穿衣进度。孩子

们嘴里还念念有词地说着穿衣儿歌。活动室中加油声此起彼伏,场景气氛热烈。孩子们那股认真劲让老师和家长们忍俊不禁,感动不已……孩子们充分发挥了自己的实力,展示出自己的自我服务能力。爸爸、妈妈们纷纷向孩子们竖起大拇指,孩子们的脸上都绽放出了自豪的笑容、满足的神情,深深地沉浸在活动带来的欢乐中。

有趣的穿衣儿歌,既锻炼了孩子们穿衣服的技能,又培养了他们强烈的自信心和荣誉感。对小班的孩子来说,这是一次摆脱依赖、挑战自我,独立自主完成自己事情的开始。

科学

宝宝养蚕记

甄 娜

神秘的礼物

晚上离园时，天天神秘地对我和大家说："甄老师，一会儿妈妈来接我，会给您和全班小朋友们带来一件礼物！""什么礼物啊？"小朋友们好奇地问。"一会儿妈妈来了你们就知道啦！"天天神秘地说。

孩子们盼啊盼，终于盼来了天天的妈妈，她果然带来了一个纸盒子。大家纷纷围上去，浩天问："阿姨，这个纸盒子里装的是什么啊？"帅帅说："您给我们准备的礼物就是这个纸盒子吗？"朱果儿问："是不是棒棒糖？"没等天天的妈妈反应过来，孩子们已经问了一连串问题。天天捂着嘴开心地笑着："哈哈，不是棒棒糖，是蚕宝宝！""我想看看蚕宝宝是什么样子，阿姨，能让我们看看吗？""当然！"天天的妈妈边说边打开盒子，一盒子的蚕宝宝呈现在大家面前。"好可爱啊！""怎么这么小啊？""它们是吃叶子吗？""蚕宝宝从哪儿来的？""阿姨，能给我几只吗？我也想带回家！"

天天的妈妈把蚕宝宝送给了想要的孩子。我也把大家刚才的提问总结了一下："今天你们把蚕宝宝领养回家，请你们明天告诉我，蚕是从哪里来的？蚕宝宝吃什么？好不好？""好！"孩子们异口同声地回答，满心欢喜地捧着自己的蚕宝宝回家了。

蚕是从哪里来的

第二天一早，孩子们一进教室就说："我知道啦，蚕宝宝吃桑叶！"腾腾说："对，蚕是吃桑叶的，你知道蚕宝宝是从哪儿来的吗？"彦彦说："蚕宝宝的妈妈是蝴蝶，是她把蚕宝宝生出来的。"腾腾说："不对，蚕宝宝的妈妈是蛾子，不是蝴蝶！"两个小朋友争论不休。这时天天从门外走来，听见了两人的争论，说："你俩别吵了，我告诉你们吧，昨天我和妈妈一起查了蚕宝宝的出生过程，一会儿讲给你们听听。"

早饭过后，大家都等不及进行区域活动了，纷纷对老师说想先听听蚕宝宝到底是怎么来的。看到大家兴致这么高，我支持了他们的想法。天天把准备好的PPT讲给大家听："当春暖花开、气温回暖时，蚕蛾卵就会孵出小蚂蚁般的小蚕，蚕宝宝是从蚕卵里孵出来的，就像母鸡从鸡蛋里孵出小鸡一样。鸡蛋大，我们称为蛋，蚕宝宝从很小很小的蛋里孵出来，这个蛋我们称为卵。"天天一边指着图片，一边细致地讲解。当听完天天说蚕宝宝是从蛾卵里孵出来时，彦彦大声说："那蝴蝶是谁的妈妈呢？甄老师，您能上网帮我们查一查吗？""好啊！"我答应了彦彦的请求，从网上找到一段毛毛虫生长过程的视频。通过观看视频，孩子们知道了毛毛虫变成了蝴蝶，蚕宝宝变成了蛾子，它们的成长都经历了卵—幼虫—蛹—蝴蝶（蛾子）这个过程。

细心观察，精心呵护蚕宝宝

了解了蚕的生长过程之后，幼儿观察蚕宝宝的兴趣更加浓厚了，只要是过渡环节，都会去自然角观察蚕宝宝的变化，回家后也精心呵护自己的蚕宝宝。

户外活动回来后，硕硕说："你们听到什么声音了吗？"帅帅得意地说："我早就听到了，那是蚕宝宝吃饭的声音，我家的蚕宝宝吃桑叶时也是这个声音。"孩子们屏住呼吸，认真地听着，"沙沙沙，沙沙沙……"球球说："你们看，它们吃得可真快，那么大一片桑叶都吃完了。""蚕宝宝要快快长大，所以越吃越多！"奕奕说。"蚕宝宝怎么一天都在不停地吃啊，我晚上回家时看见它们也在吃。"胜博提出疑问。浩天说："因为它们要长大，不能饿着，不然会生病的！"

在这段时间里，孩子们白天在幼儿园观察，晚上回家继续观察，蚕宝宝的一丁点儿变化都能成为他们交流的话题。谁家的蚕宝宝更能吃、谁家的蚕宝宝长得最大，都是他们谈论的焦点。看到大家如此关注这个问题，我问道："你们知道蚕宝宝的身体都由哪几部分组成吗？""有头。""有身体。""全身毛茸茸的。"这时浩天说："甄老师，我们回家后再观察一下，明天再回答，行吗？"其他小朋友们也纷纷同意，等待明天揭晓答案。

第二天，浩天拿着一个U盘对我说："甄老师，我和妈妈一起做了一个幻灯片，里面有蚕宝宝的身体，我想讲给大家听。"我说："好啊！"

早饭后，孩子们聚精会神地坐在大屏幕旁，等待浩天的讲述。"蚕宝宝的身体有三个部分：头、胸、腹。头小小的，只能看清一张大嘴，不停地吃啊吃啊。胸部大大的，有三对足，上面有一个个小钩子，把蚕放在手里的时候，会牢牢地钩在手上，不会掉下去。蚕的头部有一个黑色的圆片，这就是蚕的鼻子，用来呼吸。"

当浩天讲完后，孩子们送给了他热烈的掌声，大家对蚕宝宝有了更进一步的了解。

蚕宝宝为什么死了

一天早上，景泽来到幼儿园，伤心地哭着说："我家的蚕宝宝死了！"全班小朋友们很惊讶，"怎么会死啊？""我家的蚕宝宝都养这么大了。""我妈妈说，我家的蚕宝宝都快结茧了。"听到大家的话，景泽哭得更伤心了。"为什么景泽养的蚕宝宝会死呢？"我问道。大家都睁大眼睛看着我，渴望知道原因。

嘟嘟说："甄老师，咱们上网查查吧。在家里，妈妈遇到不知道的事情都上网查。"于是我打开电脑和大家一起搜索答案，原来蚕宝宝的死因有几种：1.被体型大的虫子咬伤而死亡；2.食物不够；3.天太热，温度不适合；4.吃了有水的桑叶；5.自然现象，变成蛾子之后死亡。我把查到的内容念给大家听，一起帮景泽分析原因。这时景泽妈妈打来电话，帮我们解开了谜团，原来是蚕宝宝吃了有农药的桑叶，所以死了。

这件事之后，大家对挑选桑叶尤为注意，生怕自己家的蚕宝宝吃了有毒的桑叶。

给蚕宝宝做"家"

区域活动后，亮亮突然大声尖叫道："咱们班的蚕宝宝是不是也死了？怎么都不动了？"孩子们纷纷围过去，有的掉下了伤心的眼泪，说："都长这么大了，好不容易养这么胖，怎么死了呢？"

帅帅说："我妈妈说这是蚕要蜕皮了，我家的蚕蜕皮之前也是这样的，它们没死！"

话音刚落，大有也说："对，我家的蚕蜕皮之前也是这样，就要变成蛾子啦。"

笑笑说："我家的蚕蜕皮时，爸爸用纸盒子给每个蚕宝宝做了一个家，它们就可以在里面结茧了。"

"那我们也做一个吧！"说干就干，大家马上找来纸盒子，但每个蚕宝宝的房子怎样隔开呢？

帅帅说："用胶条分开吧，让蚕宝宝站到每个格子里。"

天天说："不行，蚕宝宝看不见，不会站在里面的。"

笑笑说："用薄纸板隔开，我爸爸就是这样做的。"

孩子们亲手给每个蚕宝宝做了一间"屋子"，让蚕宝宝在里面结茧。一切准备就绪，就等着蚕宝宝结茧啦！

在整个饲养、观察蚕宝宝的过程中，幼儿激发了实践与探究的欲望，了解了蚕的生长和发育过程，同时，了解、感受和体会了生命存在的价值。

地震来了不要慌

冀彦娟

"娃娃家地震了"

区域游戏正有条不紊地进行着。忽然"哗啦啦"一声巨响,优优把娃娃家的桌子推倒了,他立刻大叫起来:"地震了,快跑啊!"伴随着娃娃家"妈妈"的尖叫声,优优抱着"宝宝"跑出了娃娃家。

有爱心的"爸爸"

优优跑到了表演区,坐在椅子上看表演。当他看到"妈妈"端着饭碗也跑过来时,急忙问:"妈妈,奶奶呢?"气喘吁吁的"妈妈"一屁股坐在椅子上说:"奶奶在家炸鱼呢。"优优"哎呀"一声就往娃娃家跑。他冲进娃娃家,拉住正在"炸鱼"的"奶奶",边拉边说:"妈!地震了,你快跑啊!不然会被砸死的!"还没弄明白是怎么回事的"奶奶"此时已经光着脚被"爸爸"拉出了娃娃家,跟跟跄跄地跑到了表演区。优优四下看了看。嘴里还不停地说:"吓死我了!奶奶总算被救出来了。"好险啊!原来优优正按照自己的兴趣点,带领娃娃家的孩子们玩地震的游戏。

听我的,不能回家

此时的优优和娃娃家的其他孩子们已经平静了许多,他们在表演区欣赏着好看的舞蹈。过了一会儿,"爷爷"对"妈妈"说:"我们回家吧,不地震了。""妈妈"站了起来,准备回家。优优站起来说"你们不怕被砸死吗?不能回家,还地震呢!""妈妈"说:"我给警察叔叔打个电话吧。"说着用手当手机打起了电话:"喂!警察叔叔吗?我是妈妈,还地震吗?我们要回家了!"此时的我也融入其中,决定顺其自然支持孩子们实现自己的想法。于是我立刻接听电话:"你好!娃娃家的孩子们,

我是地震局，刚才娃娃家发生了里氏3.2级的地震，现已安全，你们可以回家了。"我的话音刚落，娃娃家的孩子们就兴奋地大叫起来。他们起身准备回自己的"家"。优优跑在最前面，他跑到活动室的门口，突然转身双手伸开挡住了活动室的门，大声说："听我的，不能回家，还有余震！！"他的大叫让刚要回家的孩子们停住了脚步。在优优不断地劝阻下，孩子们又回到了表演区继续看节目。

我们发现了一本有意思的书

从娃娃家偶发的"地震"事件，我发现有的孩子们对于地震已经有了一些零散的认识，而有的小朋友则对此一无所知。如何利用娃娃家的偶发事件，让孩子们对地震这一自然现象有初步的了解和认识，并掌握地震时一些自救的常识，学会在灾难中保护自己呢？经过思考，我买来了绘本《地震来了不要慌》，并把它悄悄地放在了娃娃家的书柜中，希望孩子们能通过阅读这本书获取相关的知识。

第二天，娃娃家的孩子们果然发现了这本有意思的书，他们翻看着，按照自己的理解讲述着，并和同伴交流讨论着自己在阅读中的发现、体会和想法。孩子们在翻看的过程中一个又一个的问题也随之而来："老师，地震是什么呀？""老师，我们这儿会地震吗？""老师，地震以后会怎样啊！""老师，沙滩上也会地震吗？"

虽然区域游戏结束了，娃娃家的孩子们仍意犹未尽。他们举起这本有意思的书向其他区角的孩子们展示着。在这本书的吸引下，娃娃家围拢的孩子们也越来越多。面对孩子们的好奇心与疑问，考虑到孩子们越来越浓厚的求知欲，我拿起书，和孩子们共同翻看起来，共同讨论和回忆书中有关地震的故事情节，回答了孩子们提出的各种疑问。孩子们认真地听着，时而睁大眼睛，时而捂嘴惊叫，时而进入深深的思考，时而又举起小手提出一个又一个新奇的疑问。

漫长的5分钟

区域游戏又开始了，娃娃家的孩子们分好角色，按照他们自己创设的情境正在游戏。这时斯勉突然将娃娃的被子顶在头顶，拿着玩具手机大声喊道："喂！就是这儿，快救我们家，我们家地震了。"然后，大声对娃娃家的孩子们说："大家快把自己的头保护好，又地震了！"此言一出，娃娃家的孩子们纷纷将枕头、娃娃的褥子等裹在自己的头上，蹲下来钻到角落里一动不动。淘淘没有找到包裹

头的东西，便左右看看抱着娃娃钻到了桌子底下，嘴里还说："宝贝！这下安全了！"此时，娃娃家的孩子们全部进入了地震时保护自己的状态。在接下来漫长的五分钟里，他们一动不动地等待救援。

在这个游戏中，我看到了孩子们的探究过程。游戏结束后，我带领孩子们进行了回顾，让孩子们说一说自己做了什么、怎么做的，让他们与同伴进行分享与交流。

着火时，我们的奇思妙想

随着孩子们对地震有了初步的了解，新的疑问又产生了。一晨说："妈妈说地震后可能会引起火灾，我们要用手绢捂住嘴和鼻子再呼吸。"樊响说："爸爸说要用水把毛巾弄湿，用湿毛巾捂住鼻子和嘴。"孩子们你一言我一语，各自发表着自己的观点。"地震时着火如果我们找不到水该怎么办呢？"我的提问让争吵的孩子们一下安静了下来。"我们可以哭，让眼泪把毛巾弄湿。"和恭的办法打破了安静的气氛，不少孩子赞同和恭的提议："对！我们大声哭，用眼泪把毛巾弄湿。"还有的孩子向和恭竖起了大拇指。此时的和恭得意扬扬。"不行，不行！"忽然，另一部分孩子开始反对："我们的眼泪太少，毛巾不会变湿。"孩子们抓耳挠腮一时想不出解决问题的办法。"我们的身体还有哪儿会有很多的水呢？"我的提问让孩子们一下子又进入了头脑风暴。"吐口水！""不行不行，口水也太少了！"优优说："小朋友午睡时，有的小朋友会尿床，弄得床上湿湿的。我们可以用尿。""哈哈哈哈！"孩子们听了优优的提议大笑起来。有的孩子边笑边用手捂住鼻子说："不行不行，太臭了！""不行不行，太脏了！"在孩子们的怪笑声中，优优转过头来看着我，用眼神寻求我的帮助。我冲着优优笑了笑，向他竖起了两个大拇指。孩子们的怪笑声渐渐退去，优优站了起来，边跳边说："我们用自己的尿先救自己，然后我们再去洗个脸，抹点香香！"在这个过程中，我看到了孩子们面对层出不穷的问题积极思考，寻找答案和解决问题的过程，其中的收获一定会让他们受益终生。

尼泊尔地震，牵动孩子们的心

4月26日早上，孩子们陆续来到幼儿园。妮妮说："电视上说，尼泊尔也在玩娃娃家的地震游戏。"斯勉说："对，他们的房子也都倒了。"桐桐说："妈妈说是真地震了，不是玩游戏。"孩子们相互交流，讲述着自己的见闻。"是真的地震了吗？"针对孩子们的疑问，在上午的活动中我播放了尼泊尔地震的视频。画面中房屋倒塌，家里的东西都被压坏了，汽车被砸扁了，地面裂开大缝，公路扭弯了，人员被困，失去亲人、无家可归的人们，哭闹的孩子……孩子们看得触目惊心。孩子们第一次强烈感受到了地震带来的灾难。优优说："他们好可怜啊！"桐霖说："咱们给他们送点好吃的吧。"哲雯说："小朋友的衣服都破了，我让妈妈给她们买漂亮的衣服。"王晶说："我把我的玩具汽车送给他们玩。"尼泊尔的地震牵动着孩子们的心，他们你一言我一语各自表达自己的爱心。

有趣的地震自救儿歌

为了缓解孩子们忧伤的心情，我带领孩子们自编了发生地震时如何自救的有趣儿歌："地震了，不要慌，披着被子遮住头。摇动时，不要跑，躲进桌子下或床底下。摇动过后跑出去，跑到屋外空地上。压在地下也不哭，放松心情静下来，听到人声就呼救，保持体力不慌张。大手会把小手拉。"孩子们说着我们共同创编的儿歌，了解了地震时应该如何自救的简单常识。

发生地震我不怕

尼泊尔的地震让孩子们久久不能平静，孩子们在了解了一些防范自救的方法后，为了让孩子们更多地了解和掌握防震自救逃生常识和技能，我班进行了"防震紧急疏散演练"活动。当楼道里敲盆的声音不断响起时，老师们按照职责分工迅速各就各位，孩子们在演习中把学到的防护知识全部应用上了。有的孩子弯下腰用双手捂住自己的头躲在了桌子下面，有的孩子将枕头护住自己的头钻到小床下，之后孩子们在老师的带领下快速有序地按逃生路线逃离教室。仅仅用了2分钟时间，班中所有孩子都安全撤离到操场上，整个撤离过程快速、安全、有序！

通过开展此项防震应急演练活动，进一步增强了孩子们应对突发事件的处置能力，提高了他们的安全自救意识和能力。

由"娃娃家的地震"活动孩子们生成了一个又一个活动。在活动中，老师能够尊重孩子们的想法，并为孩子们创设宽松自由的情境，鼓励和支持孩子们按照自己的想法和意图开展游戏，教师结合图书阅读、谈话讨论、角色扮演、情境演练等活动形式，进一步延伸和拓展幼儿的兴趣与能力，促进了幼儿综合全面地发展。

社会

我给妈妈送红包

冀彦娟

2015年春节让大家感到最兴奋的事就是"抢红包",而对于孩子们来说最开心、难以忘怀的事就是拜年后收到压岁钱红包。刚一开学,班中的优优就神秘地和我说:"老师,我妈妈过年时给了我红包,里面的钱是真的,能买好吃的。"听优优这么一说,孩子们一下兴奋起来,都争着说:"老师,我的红包是奶奶给我的,能买玩具。""老师,我还用红包里的钱买书了呢!"孩子们七嘴八舌地说着自己收到红包时的喜悦与幸福。

压岁红包引发的活动

2015年春节的喜庆气氛还未退去,又迎来了"三八"妇女节。我和小朋友们讨论如何给妈妈过节。孩子们竟然不假思索地回答:"送妈妈一个红包!"这个回答出乎我的意料,也引起了我的思考:"孩子们为什么对于红包念念不忘呢?'红包'对孩子们来说有什么特殊意义呢?"

我想,对于小班孩子来说,红包就意味着节日的记忆,红包给他们带来温暖和美好,红包代表着欢乐和长辈对于自己的爱。

明白红包对于孩子意味着什么,我为孩子们的话而感动。我想,他们提出送给妈妈红包,不就是要把自己对爱的体验送给妈妈吗?

没有红包怎么办

真的要在"三八"节送红包给自己的妈妈了,孩子们兴奋不已。"可是我们没有红包,怎么办?"我的话给孩子们出了道难题。刚才还兴奋不已的孩子们一下子安静了下来。"把我们的红包送给妈妈。"和恭第一个打破了安静的气氛。

"不行不行，红包是用过的，旧的不能送给别人！"樊响反对。"那我们买一个新的红包吧！"淘淘提议。"我们还小，没法自己去买东西。"浩浩说得也有道理。"让爸爸帮我们买一个红包好不好？"和恭再次提议。"不好不好，这是我们的秘密，不能告诉别人。"孩子们一致反对。一辰说："那我们用纸做一个红包吧！"一辰的提议得到了全体小朋友的认可。孩子们开始在活动室四处搜集红纸，安静的活动室立刻又热闹了起来。在老师的带领下，孩子们一起用红纸制作了红包。孩子们一双双小手一会儿折、一会儿粘贴，还在红包上进行了装饰。不一会儿，一个个红包就做成了。孩子们兴奋地举起自己做的红包，开心地展示着。

红包里面装什么

"红包做好了，可红包里装什么呢？"孩子们拿着红包再一次开始了头脑风暴。"我给妈妈一个棒棒糖。""我给妈妈玩具。"……孩子们都愿意把自己最心爱的东西和妈妈分享，多么可贵啊。奇奇沮丧地说："我想把我的小汽车送给妈妈，可是我的红包装不下。""我想跳一个舞送给妈妈，可怎么装到红包里呢？"桐桐边说边摇头。"我想送给妈妈一本书，也装不到红包里。"一个小小的红包又把孩子们难住了。优优说："我们把要送的东西写下来给妈妈当惊喜！""可我们不会写字呀！""老师会写字，我们请老师帮忙好吗？"淘淘的一席话又让孩子们情绪激动起来。孩子们用期待的眼神望着我。我点头赞同孩子们的想法。孩子们又找来不同颜色的纸撕成条，在老师的帮助下用稚嫩的语言写下了自己的愿望，吐露着自己的心声，表达自己的祝福和感恩。晶莹说："我给妈妈一个棒棒糖。"王茜说："我在幼儿园做一个手镯给妈妈。"淘淘说："我把幼儿园的书拿回家给妈妈讲。"沐晨说："我画一张画送给妈妈。"铭铭说："我给奶奶擦擦脸，抹点香香。"

孩子们送给妈妈的惊喜有的是一个，有的是两个，还有的孩子除了给妈妈惊喜，还准备给姥姥、奶奶一人一个惊喜。孩子们用自己的方式进行表达，学会了感恩。

特殊的惊喜，家长们的感言

在"三八"节前夕我利用微信向班中的女性家长们发了邀请函，家长们愉快地接受了我们的邀请。当家长们听完孩子们的歌曲和祝福，接过孩子们双手送上的红包时感动得热泪盈眶。我们和家长们约定好红包要在"三八"节当天拆开。最感动的要数"三八"节当天拆红包。当看到来自于孩子们的惊喜时,家长们如此反馈:"幸福在哪里?幸福在孩子们的红包里!""我真是惊喜得不得了,从来没有收到这样特殊的红包!孩子懂事了!"有的奶奶感动得要命,说儿子都没有孙女贴心!家长们感谢老师不但教孩子们学本领,还教他们学做人!

一份份饱含温情的"红包"充满爱的感动,让"三八"节过得非常有意义。

感悟:

> "生活需要一颗感恩的心来创造,一颗感恩的心需要生活来滋养。"在以往"三八"节活动中,孩子们往往会选择为妈妈洗脚、为妈妈捶背、为妈妈唱歌、为妈妈扫地等形式来表达对妈妈的爱。而这次,孩子们希望送妈妈红包。孩子们的这个想法出乎我的意料,是孩子们用另一种方式表达对妈妈的爱。
>
> 在活动的开展过程中,老师尽量放手让孩子们自己想办法实现这个愿望,孩子们自己制作红包。在制作过程中即使有的孩子红包做得不够漂亮,但老师也会鼓励他们,并在征得孩子同意后给予他们一定的指导,既让孩子们感受了创意红包的意义,又学会了感恩。在孩子们自己创设的活动中,每个孩子送的红包都是独特的,都表达着他们对妈妈、奶奶、姥姥深深的爱。
>
> 给妈妈一个棒棒糖,给妈妈一个自己在幼儿园制作的手镯,给奶奶抹香香,给妈妈画画……老师将孩子们的心愿写下来,孩子们将他们散发着无穷无尽爱意的心愿装到他们制作的小小红包里,孩子们成长的进步就是妈妈收到最好的礼物。
>
> 这次活动,让妈妈们沉浸在意外"丰收"的喜悦之中。孩子们学会了感恩,学会了回报,懂得了孝顺,更懂得了珍惜这难得的真情!一个特别且有意义的节日在孩子们的心中留下了永久记忆。

小班

感恩在行动

李 霞

早上彤彤来园时大哭不止，我问她妈妈怎么回事，她妈妈说："非要我抱，抱了一路了，她一步都不想走，刚放下就开始哭，唉！"一天接完孩子后，佳佳的妈妈拉着佳佳又找到我，跟我说："老师，你快说说他，这么冷的天非要吃冰激凌，不给买就开始没完没了地哭。""老师，你快帮我说说她，每天早上都不自己穿衣服，就要等着我穿，您看我天天都迟到。"像这样的例子还有很多。

现在的孩子多是在家长的百般呵护、悉心照料下无忧无虑地成长。接受了太多爱的孩子会渐渐地把这一切视为理所当然。他们习惯了索取，习惯了"说一不二"，即使父母亲再苦再累也必须满足他们的要求，而他们却从不懂得去为父母亲做些什么，分担些什么，稍有不如意，便大发脾气。过几天就是小班孩子在幼儿园即将度过的第一个感恩节，如何让孩子度过这个有意义的节日，让孩子从心底感受到他人对自己的关爱，同时也用自己的方式向爸爸妈妈、爷爷奶奶、老师和小朋友表示关爱呢？

《指南》中提出，小班幼儿知道和自己一起生活的家庭成员及与自己的关系，能体会到自己是家庭的一员，并能感受到家庭生活的温暖，爱父母，亲近与信赖长辈。孩子的学习是以直接经验为基础，在游戏和日常生活中进行的。因此我们将感恩节活动定位于亲子活动，而且只一次活动不能让孩子充分得到体验，因此我们将"爱"的活动持续一周，每天都有新的内容，所以我们又称之为五个"一"的活动。

活动一，爱的味道

如何让孩子知道什么是"爱"，什么又是"感恩"呢？这些词对小班孩子来说是陌生的。可以说，是在他们的记忆中历来没有过的词汇，固然也完全不知道意思。

绘本《爱是一捧浓浓的蜂蜜》是一本关于爱的书，全书以一只小熊的视角和生活感受的细节来诠释"爱是什么"，透过充满爱的旋律的诗意文字，浓浓的爱伴随小熊每一天每一刻。通过绘本阅读，孩子们看到、见到、体会到爱是可以触摸的，就像依偎在妈妈怀抱中；爱是可以感受的，像和好朋友一起探险、游玩；爱也是可以品尝的，就像一捧浓浓的、甜甜的蜂蜜；爱是可以聆听的，就像爸爸妈妈在你睡觉前讲的那些美妙的童话故事；爱是香甜的，就像入睡前爸爸妈妈在你脸上甜甜的一吻……小孩子成长的每一天、每一刻，甚至每一个瞬间都充满了爱。老师启发孩子们说一说和小熊有没有同样的经历，爸爸妈妈是怎样爱着他们的。与此同时，我们每一位老师也给孩子们送去了爱的礼物，抱抱、亲亲他们，让孩子们感受到老师的爱。

活动二，神秘礼物

第二天，我们给孩子们讲了另外两本绘本《我的爸爸》《我的妈妈》。通过倾听故事，了解故事的情节让孩子发现爸爸、妈妈是用这样的方式爱着我们。这时，我们向孩子们提出："我们可以用什么方式让爸爸妈妈知道我们也是爱他们的呢？"在我们与孩子协商之后，每个孩子都要为爸爸妈妈准备一份礼物。为了让活动带有神秘感，我在微信中是这样对家长们说的："今天是感恩节，孩子们为爸爸妈妈准备了一份礼物，是什么礼物呢？大家猜猜看，答案明天揭晓！"家长们看到微信后纷纷说："好神秘、好期待。"

活动结束后，萱萱的妈妈第一个反馈说："萱萱送了我抱抱的礼物，好感动。"佩珊的妈妈接着说："宝贝一进门就跟我说，妈妈我爱你。"浩彤妈妈说："好贴心的礼物，抱抱、亲亲、谢谢。"孩子们纷纷向家长送出自己的爱的礼物，那就是"一个温暖的抱抱、一个甜蜜的亲亲、一声真挚的谢谢！"正是由于孩子们的礼物是那么真挚与真实，是每个孩子都能做到的、最切合实际的礼物，家长们欣喜若狂，激动不已。

活动三，让爱传递

第三天，也就是感恩节当天，我们带着所有孩子阅读了绘本《我爱妈妈》。书中的每一个画面都很温馨，文字也很优美：当我玩耍的时候，妈妈温柔地守候在我的身边。妈妈经常陪着我游泳嬉戏。妈妈耐心地教我爬树。妈妈一直陪伴在我身边。妈妈帮我梳洗身体……看完绘本后，我问孩子们："在幼儿园里像妈妈一样守候着我们的还有谁？"孩子们说："老师。""今天是感恩节，我们有什么礼物送给这些帮助我们的老师呢？"我问孩子。孩子们说："抱抱、亲亲、谢谢。"孩子们将他们的礼物送给了园长妈妈、老师、食堂老师、保安叔叔及园内所有的老师。在这次活动中，我们带领孩子们到幼儿园的每一个角落，寻找每天为自己服务的人，让孩子们进一步感受到被关爱。当孩子们大胆地将自己的礼物送给这些爱着自己的人时，他们也会被他人拥抱、表扬、肯定，从而体会到将爱给予他人的孩子具有爱的力量，会让大家感到温馨与幸福。

活动四，我爱我的家

第四天，是亲子共同参与、共同表现的一天。这一天，我们用两首歌表达了自己的感受。"让爱天天住我家，充满快乐，拥有平安，让爱永远住我们的家。"孩子和家长们在歌声中进一步体会到爱的珍贵，更懂得了珍惜别人的爱。一句句天真烂漫的歌词，一次次温暖的拥抱，孩子们用自己的方式表达了对家人的爱。

孩子与家长一起诠释、演绎着《妈妈宝贝》这首歌，歌曲结束时孩子们用世界上最真挚可爱的语言大声说出了对家人的爱。通过此项活动，进一步让孩子们懂得以真诚的情感、力所能及的方式爱身边的每一个人。

活动五，爱的全家福

系列活动的最后一天，我们想有个圆圆满满的结局，让整个活动在大家的共同配合、共同营造中呈现新的色彩。我们请全班每一个孩子都用自己的小手拉着爸爸妈妈的大手，一起绘制出一幅全家福。孩子们和爸爸妈妈一起用七彩的颜色涂在手上，并将这些颜色印在美丽的纸上，染出七彩的爱。在这幅画中，孩子们会发现有无数双爸爸妈妈大大的手掌印出一颗颗爱心，包围着我们、爱护着我们。孩子的一双双小手也变成了一颗颗爱心，也爱着自己的家人。从整幅画中我们看到，大家是被爱所包围的。

现在大部分孩子都是独生子女，娇生惯养，只靠平常的教学活动，或老师的语言教导来实施教育是不够的，结合节日来进行，教育效果大大不一样。感恩节系列亲子活动，在快乐、温馨、感动中结束了。它给孩子的心灵播下了一颗美丽的种子——感恩的心。在活动中孩子开始意识并感受到父母的爱、老师的爱、他人的爱，开始学会用自己的眼睛去看、用耳朵去听，用心灵去感受，从而在心中培植感恩的情感，无论对待父母或者老师、朋友，无论快乐或者悲伤，都能以一颗感恩的心去面对。

小三班的团圆饭

王哲雅

团圆饭的由来

春节假期接近尾声,眼看下周一就要开学了周六下午,我照例给孩子们发了一条微信:"亲爱的孩子们,假期过得怎样?就要开学了,这两天你们要注意调整作息时间,晚上要早些休息,维尼妈妈周一一早在幼儿园等着你们一起来做早操呦!"微信刚发出去一会儿,逸卓的爸爸便回了一条信息:"逸卓后天就要上幼儿园了!逸卓说要去幼儿园吃团圆饭了!"看到这条微信后,我被孩子的话吸引了,一起吃团圆饭,多好的主意呀。

周一一早,当逸卓走进教室时,我蹲下来先给了逸卓一个拥抱,之后问逸卓:"我们什么时候吃团圆饭呢?"逸卓说:"元宵节。元宵节我们一起吃团圆饭好不好?""好啊,我没意见,一会儿我们问问小朋友们是否同意可以吗?"逸卓点了点头。

团圆饭何时吃

上午的教育活动时间,我将逸卓的提议告诉了孩子们。孩子们听了纷纷表示好奇,他们问我:"维尼妈妈,什么是团圆饭?团圆饭什么时候吃?""什么是元宵节?"于是抓住这个时机,我将什么是团圆饭、团圆饭什么时候吃以及元宵节的由来和习俗都告诉了孩子们,并和孩子们一起讨论我们今年的元宵节怎么过。

逸卓首先提出了今年的元宵节一起吃小三班的团圆饭,征得了孩子们的同意。我们又一起讨论了团圆饭什么时候吃,孩子们还提出了各种想法。"我们可以元宵节那天中午吃。"琛琛说。"我们除了吃团圆饭,还可以一起猜灯谜,妈妈告诉过我元宵节有好多灯笼,灯笼里有谜语。"想想说。"好呀好呀,这个主意好，我们一起挂灯笼！"璇儿说。"那团圆饭我们吃元宵吧？"婉煜说。"好的，我们可以自己带元宵，我们家有元宵，前几天我和妈妈去超市时买了。"乐乐说。就这样，在孩子们的提议下，我们确定了今年元宵节的活动——小三班的团圆饭。

团圆饭怎样吃

在确定了元宵节怎么过后，孩子们又提出了新的问题："维尼妈妈，团圆饭怎么吃呀？"面对新问题，我和孩子们开始讨论怎么吃团圆饭。在讨论的过程中，孩子们说："我们家春节的时候吃团圆饭,吃团圆饭是全家人坐在一起吃。"听了孩子们的回答后，我问孩子们："那我们班的团圆饭应该谁来吃呢？我们怎么坐在一起吃团圆饭呢？""就像我妈妈来教小朋友做面包时一样，我们把桌子摆成一圈吃。"大志说。"不行，那样小朋友不是坐在一个桌子上一起吃，团圆饭要大家坐在一起吃。"大壮说。"那怎么才能坐在一起呢？"就在孩子们都不知该怎么办时，我提出了一个方法，要不咱们摆摆看，看看怎么能让小朋友都坐下。听了我的提议，孩子们开始搬椅子、抬桌子、数人数，一会儿将桌子横过来，一会儿又指挥老师帮他们挪柜子。经过各种尝试，最终我们将所有的桌子拼在一起，摆成一长条，这样，班里所有小朋友们都可以坐下来了。

团圆饭筹备中

确定了时间、座位和吃什么后，孩子们开始准备团圆饭了。他们纷纷从家里带来了春节用的装饰品，还和爸爸妈妈一起准备了灯笼，让爸爸妈妈和他们一起布置教室，帮他们将带来的东西都挂好。有的孩子还请家里的奶奶帮着包了元宵。在那段时间里，孩子们每天问的最多的就是"维尼妈妈，怎么还不到元宵节呀"。

小三班的团圆饭

在孩子们的盼望下，元宵节终于到了。从早上开始就有孩子就不停地问我："什么时候开始吃团圆饭呀？"终于等到了中午，孩子们兴奋地催着我赶紧摆桌子,于老师也从食堂端来了孩子盼望已久的元宵和给孩子们准备的香喷喷的饭菜。

当饭菜都端上桌后,大壮说:"我们一起举杯吧,我们家吃团圆饭的时候大家就一起举杯。"小宝说:"举杯好举杯好,我在家的时候也和爸爸妈妈碰杯。""可是,我们用什么喝?喝什么呀?"听了我的问题后,璇儿说:"喝饮料,我过节的时候就喝饮料,可以用我们的小杯子。"一旁的孩子说:"我妈妈说了,小朋友不能喝饮料,要多喝白开水。""那就用我们的杯子喝白开水。"在孩子们讨论后,他们用自己的小杯子每人接了半杯白开水。在一起举杯、碰杯的欢声笑语中,小三班的团圆饭开始了。

  小三班的团圆饭,一顿看似普通的饭却因一条微信而变得不一样了。看着孩子们脸上洋溢的笑容,我想作为幼儿园教师,我们一定要多发现孩子的想法,支持孩子通过各种方法实现自己的愿望,让孩子们体验他们喜欢的有意思的生活。

娃娃走丢了

王哲雅

自从班中新增设了超市后,娃娃家的孩子们都喜欢推着他们的"宝宝"到超市里去买东西。今天璇儿带宝宝去超市后,却忘记了将购物车里坐着的宝宝抱回家,于是娃娃家中便上演了一出宝宝走丢了的事件。

维尼妈妈来做客

"喂,维尼妈妈吗?我们家包饺子了,你可以到我们家来吃饭吗?"接到孩子们的电话后,我来到了娃娃家。进门后,我便开始和孩子们聊了起来:"你们家有几个人呀?都有谁呀?"孩子们听了我的问题后,兴冲冲地向我介绍着他们家的家庭成员。当他们介绍说他家还有个宝宝时,突然发现他家的宝宝不见了。"啊?宝宝不见了,怎么办呀?"一旁的想想开始着急起来。"刚才是璇儿推着宝宝出去买东西了,是不是把宝宝丢在商店了呀?"听了琛琛的话后,孩子们提出要出去找找,于是我跟着孩子们一起来到了刚刚他们买东西的超市。在询问过超市售货员后得知宝宝没有在超市,于是孩子们开始在楼道中寻找。孩子们边找边喊:"宝宝,你在哪里?"可找了一圈还是没有找到。这时婉煜说:"要是警察叔叔在就好了,警察叔叔肯定能帮咱们找到孩子!"听到婉煜的提议后,其他小朋友马上表示了赞同。孩子们的需求和想法启发了我,这正是对孩子们进行安全教育的好机会!于是,我问:"我们怎么找到警察叔叔呢?"孩子们有的说:"警察在马路边。"有的说:"警察在公安局,我爸爸就是警察。"根据孩子们的答案,我启发他们:"我们怎样让警察知道我们的宝宝丢了呢?"没想到好几个孩子竟异口同声地说:"打110。"我想,这也许是他们将日常生活中爸爸妈妈对他们的安全教育迁移到了游戏之中。通过和孩子们商议,我们回到娃娃家,开始打电话报警。

咱们报警吧

"喂,是110吗?我们家的娃娃走丢了,能帮我们找一找吗?"打完电话后,孩子们焦急地坐在娃娃家中等待着"警察"的到来。不一会儿,扮演警察的于老师走进了娃娃家,孩子们开始配合"警察"做笔录:"你们家的宝宝是男孩,还是女孩呀?""男孩。"站在一旁的璇儿马上回答。"不对,是女孩,宝宝头上还有发卡呢。"琛琛表示了质疑。听到两个不同的答案后,"警察"再次询问:"到底是男孩,还是女孩呀?""是女孩,我是宝宝妈妈,我肯定宝宝是女孩。"这时,扮演妈妈的想想肯定地对"警察"说,而一旁站着的婉煜则低着头不说话。当"警察"问婉煜宝宝是男孩,还是女孩时,婉煜表示不知道。"你们看看,一看你们平时就不关心宝宝,连自己家的宝宝都记不清是男孩女孩。"听了"警察"的话后,琛琛再次肯定地对"警察"说:"记女孩吧,宝宝是女孩。""好吧。那下一个问题,宝宝走丢时穿的什么颜色的衣服呀?""警察"的第二个问题再次难倒了孩子们。孩子们依然说出了不同的答案,琛琛说宝宝走丢时穿的是粉色的衣服,想想说是蓝色的,而璇儿则说宝宝走丢时没穿衣服。听了孩子们不同的回答后,"警察"告诉他们以后多关注宝宝,现在先在家中等消息,然后便离开了。此时,娃娃家中的四个人脸上再也没有笑容,失望地坐在椅子上等待。

这次与"警察"交流的过程引发了孩子们对娃娃的关注。男孩儿、女孩儿、穿什么衣服,这些平时孩子们鲜少关注的事情在老师的启发下,唤起了他们对过去事情的回忆。对于娃娃如何丢的描述,让孩子们在观察、描述等语言发展方面有了长足的进步。

两次认领,宝宝终于回家

第一次认领宝宝

不一会儿,娃娃家的电话响了。"喂,是娃娃家吗?这里是警察局,刚刚有人捡到一个宝宝。你们来看看,是不是你们的宝宝。"接到电话后,璇儿马上表示要去认领宝宝。于是璇儿来到了警察局,"警察"手中拿着一个玩具熊问璇儿"这是你家宝宝吗?""是的,是的。"璇儿不假思索地回答着,一把将熊抱过来回家去了。可是一进门,她便遭到了娃娃家其他成员的质疑:"这不是咱们家宝宝,这是宝宝床头放着的玩具熊。"琛琛皱着眉头说。婉煜对璇儿说:"你怎么连咱家宝宝都不认识呀?"孩子们正讨论着璇儿抱回来的玩具熊时,娃娃家的电话铃又响了:"娃娃家吗?刚才你们领回去的是你们家宝宝吗?"听了"警察"的询问,琛琛马上表示:"不是,我家丢的是宝宝,这个是熊,不是宝宝。""那你们再来一趟警察局吧,我们刚才接到报案,说表演区发现了一个独自看节目的宝宝,咱们一起去看看是不是你们家宝宝吧。"挂了电话后,娃娃家的孩子们表示不再放心让璇儿自己去认领宝宝了,于是娃娃家的孩子们一起出门走向了警察局。

第二次认领宝宝

到了警察局后,"警察"带着孩子们一起来到了表演区,表演区的于老师正抱着宝宝一边哄,一边喂宝宝吃"面包"。看到前来认领宝宝的娃娃家成员后,于老师说:"你们看看,你们的宝宝都饿坏了,一看你们平时就不关心宝宝,宝宝饿了都不知道,以后你们一定要多关注宝宝,看好宝宝,这要是真走丢了多危险呀。"听了于老师的话后,想想马上将宝宝抱了过来,并表示以后一定看好宝宝,于是娃娃家的孩子们一起抱着宝宝回家了。

安全在我心,我们爱宝宝

丢宝宝事件后,娃娃家的孩子们变得对宝宝格外关心了。回家后,孩子们开始分配任务,有人负责做饭,有人负责看宝宝,孩子们开始继续他们的游戏。为了安抚宝宝,孩子们主动给宝宝换衣服、做饭、讲故事,悉心照顾宝宝。

此后,孩子们对宝宝的关注逐渐增强,慢慢地他们发现了更多游戏内容。今天给宝宝做一个宝宝椅,让宝宝跟大家一起吃饭;明天给宝宝准备单独的餐具,就像平时爸爸妈妈照顾他们一样;宝宝走丢的事件让孩子们开始关注身边的安全问题,出门时宝宝要坐在小车上,带好手机及时联系,遇到困难找警察帮忙……娃娃家就像一个小社会,让孩子们在游戏中感受真正的生活,在生活中成长。

"新绘本"与爱的教育

甄 娜

伴着春天的脚步,空气中袭来暖暖春意。相信所有的女性朋友们在这个特殊的节日里,用不同的方式庆祝着一个有特殊意义的节日,感受着尊重和温暖。这就是一年一度的"三八"妇女节!

有一种关爱无微不至,有一种情感真诚无私,有一种形象堪比天使,有一种守望执着坚持,对,这就是妈妈对于孩子们的爱,孩子们被深深的爱包围着,呵护着,我们以怎样的方式表达对妈妈的爱呢?我们精心酝酿了一个全新的"三八"节系列活动,孩子们和爸爸们一起自制"新绘本",了解了自己从哪里来,知道了自己是在爱中成长,并用自己的创造回报这份爱。

系列活动一,通过绘本"读"妈妈

我们带领孩子们一起阅读了大量的有关妈妈的绘本——《我妈妈》《有些时候,我特别喜欢妈妈》《洗个不停的妈妈》……孩子们通过绘本了解妈妈、理解妈妈。通过看绘本,我们和孩子们讨论了自己妈妈的样子。当孩子们自己讲述这些绘本的时候,球球说:"如果这本书上是我自己的妈妈多好啊!"其他小朋友也纷纷附和:"我的妈妈更漂亮。""我的妈妈最辛苦。""我最喜欢我自己的妈妈。"……孩子们那一双双渴望的眼睛看着我,是啊,为什么不能给自己的妈妈创作一本绘本呢?当我宣布"我们来自己制作一本绘本,来讲述自己的妈妈好不好"时,孩子们欢呼雀跃着,那种喜悦溢于言表。根据孩子们的需求,我们开展了手绘原创绘本的活动。

系列活动二,爸爸孩子齐努力,创作"新绘本"——《我妈妈》

活动的顺利开展,离不开孩子们的爸爸的积极参与和大力支持。做好家长工作尤为重要,因为是要给妈妈的惊喜,所以这个活动一直都是保密的,孩子们的妈妈都不知道。为此我们建立了班级爸爸群，在群里说明了本次活动的目的及意义，让爸爸们有意识地多陪伴孩子。因为幼儿与成人之间的共同生活、交往、探索、游戏等，是学习的重要途径之一。爸爸们在陪伴孩子们的过程中，能够体验妈妈的辛苦：不仅自己要工作，还要为家人、孩子做很多工作，如做饭、陪宝宝、送宝宝上学、给宝宝买衣服、洗衣服等，非常辛苦，我们要尊重、爱护她们；还能够了解宝宝们想对妈妈表达的爱和希望。我们在群里商讨出了绘本可以从以下四点切入，让孩子们体会妈妈的辛苦、妈妈的爱：（1）宝宝和爸爸想对妈妈说的话；（2）妈妈怀孕的时候；（3）我眼中的妈妈；（4）我理想中妈妈的样子。内容确定了，爸爸们和孩子们就开始创作原创手绘绘本——《我妈妈》。

系列活动三，"三八"送惊喜，妈妈好感动

在"三八"节当天，惊喜送给了妈妈们，一本本原创手绘绘本让妈妈们惊喜不已。翻阅着孩子们制作的绘本，妈妈们脸上都洋溢着幸福的微笑，纷纷在班级微信群里及朋友圈里晒图片，表达着自己的幸福。

晨晨妈妈："爸爸带着儿子来单位给我一个大惊喜——爸爸和儿子为我做的绘本。我感到满满的幸福，爱你们！"

彦彦妈妈："'三八'节，第一次收到礼物，谢谢爷俩给我的惊喜，感谢老师们组织的这么好的活动，以后爸爸们要多多参与班级活动哦！"

大玉妈妈："妇女节收到的心意！老师的创意，爸爸和孩子制作，让孩子们给妈妈讲述绘本内容，太感动啦！"

壮壮妈妈："晒幸福。收到过的最好、最感动的礼物！壮壮爸和儿子花了好几个晚上手绘的绘本，家里大男人、小男人给了大大的惊喜，感动壮壮爸的细心，把我怀孕—生产—陪伴孩子长大的过程记得这么清楚，也感谢幼儿园精心的安排。真的真的太幸福了！"

球球妈妈："昨晚快睡觉时，老公和闺女才全部完成，闺女讲得很流利，超级感动！非常感谢幼儿园老师的用心，这么好的创意，大惊喜啊！"

系列活动四，同伴分享

孩子们把自己和爸爸共同完成的绘本拿到幼儿园来，给小朋友们讲述自己的妈妈。在讲述过程中，孩子们掩饰不住激动的心情，都迫不及待地想把自己的绘

本先讲述给同伴。

笑笑："我爸爸出生在北京，妈妈出生在湖州，那是一个水乡。爸爸妈妈在清华大学里认识的，他们在天煌大酒店里结婚了，2011年5月2日我出生了，妈妈是奶牛，吃进去的是草，挤出来的是奶……"

史佳玉："这是我漂亮的妈妈，这是我妈妈在飞机上照的照片儿，我妈妈很漂亮，她在华堂上班，我妈妈经常带我出去玩儿，玩旋转木马、大黄鸭，还带我去游泳，我妈妈还经常给我买礼物，买好吃的，买芭比娃娃……我妈妈也很勤劳，她扫地、做饭、洗衣服……我永远爱您，我的妈妈。"

姚笑丰："在我心里，有一个小秘密，那就是妈妈的样子。我的心里有三个妈妈。第一个妈妈是现实中的妈妈：圆圆的脑袋，圆圆的眼睛，圆圆的眼镜，圆圆的身子，笑笑的嘴巴，长长的腿。第二个妈妈是更美丽的妈妈：大大的眼睛，长长的耳朵，长长的头发，大大的身子，圆圆的眼镜，可爱的小鼻子。第三个妈妈，就是传说中超厉害的妈妈，她有不大不小中等的耳朵，能看到很多东西的大大的眼珠，大大的眼镜，不胖不瘦的身子，一步可以走好远的长长的腿，还有拿很多东西都不费力气的长长的胳膊。最希望妈妈做的事，就是能像姥姥一样，每天都骑着自行车送我上幼儿园，一直到上大学。"

刘以清："宝宝哭时，妈妈很难受！宝宝饿时，妈妈从没睡好觉！宝宝发烧，几天连续吃药打针，针针都扎在妈妈心上！第一次听我叫"妈妈"时兴奋地哭了出来！我想吃什么好吃的，妈妈都会给我做，爸爸去吃窝头！我长出第一颗牙，妈妈兴奋极了！妈妈一天去八趟厕所，只为了我喝上一口放心奶。我终于能睡整宿觉了，但是妈妈已经习惯睡不着了！儿子走路一小步，妈妈心中一大步！我长大了，能自己玩儿了，妈妈我来帮您梳头！有一种爱叫陪伴，妈妈我爱您！"

当孩子们在讲述自己妈妈的时候，都有些"小激动"。虽然是小班的孩子，但是讲述的流畅、表情的丰富、语言的优美，让在场的老师和小朋友们都沉醉了……

系列活动五，制作"彩视"视频，记录妈妈陪伴宝宝成长的足迹

孩子们和家人一起找出了从妈妈怀孕—宝宝出生—家人陪伴健康长大的照片儿。在挑选照片儿的过程中，家长们边挑选照片儿，边向孩子们讲述了妈妈怀孕、生产和宝宝成长的经过。孩子们运用信息技术手段，把这些充满着幸福回忆的珍

贵照片儿做成了视频，在老师的帮助下写上了自己想对妈妈说的话，当作送给妈妈的礼物。孩子们在做完视频后再次和大家分享，讲述了妈妈关爱自己、陪伴自己成长的每个精彩瞬间，再次体会了妈妈的辛苦以及对自己成长的付出，更加深深地体会到了妈妈的爱。

系列活动六，送给妈妈的礼物——漂亮的手镯

孩子们充分感受了妈妈对自己的爱，对自己成长中的关心、呵护。帅帅提出："我想做一个手镯当作礼物送给妈妈！"我们肯定、支持了孩子的想法。孩子们亲手做了一个个漂亮的手镯送给辛苦的妈妈。

妈妈们收获了一个又一个的惊喜，孩子们充分理解了母亲，真正从内心感到母亲对家庭的付出，对自己的关爱，培养了孩子尊敬长辈、孝顺父母的传统美德以及关心他人、热爱生活的品质。这也为孩子们的心灵播下了美丽的种子，让孩子们在爱中成长，在感恩中收获！家长们特别喜欢这个活动，反响特别好，认为无论是情感教育，还是孩子们的勇气、表达等方面都得到了发展。

语言

小小演说家

李 霞

语言是交流和思维的工具。幼儿期是语言发展，特别是口语发展的重要时期。幼儿语言发展贯穿于身心发展的各个领域，对其他领域的发展有至关重要的影响。幼儿在运用语言进行交流的同时，也在发展着人际交往能力、对交往情境的判断能力、组织自己思想的能力等，并通过语言获取信息，逐步使学习超越个体的直接感知。

幼儿的语言能力是在交流和运用的过程中发展起来的，教师应为幼儿创设自由、宽松的语言交往环境，鼓励和支持幼儿与成人、同伴交流，让他们想说、敢说、喜欢说，并能得到积极回应。为了让内敛的孩子敢于当众表现，让活泼的孩子收放自如、张弛有度，我们开展了"小小演说家"的活动，让每个孩子都能在这个舞台上成为一名小小演说家。

第一阶段：有主题的讲演

3月8日是妇女节，我们就这一节日给孩子们讲了一些关于妈妈的绘本，如《我妈妈》《永远爱你》《妈妈的吻》等，让孩子了解到妈妈的辛苦和妈妈对孩子的爱。

孩子们看完《我妈妈》这本绘本以后，纷纷说："我妈妈也是个大厨师，能做好多好吃的东西。"有的孩子说："我的妈妈就爱臭美，我妈妈也化妆。"还有的孩子说："我妈妈也有好多漂亮的裙子。"孩子都想说说自己的妈妈。我们以此为切入点，设计了"我是小小演说家"这一活动。

首先，我们召开了家长会，说明此次活动的目的与意义，即要通过这个活动让幼儿了解妈妈，知道妈妈在孩子成长过程中的付出与辛苦。我们请家长与幼儿一起收集孩子从小到大和妈妈在一起的照片，在搜索与挑选的过程中重温妈妈的爱，并请幼儿讲述妈妈的爱，在讲述中进一步体会"爱是什么""妈妈是怎么爱我们的"。家长们都很支持我们的活动。

孩子们与妈妈一起收集、筛选照片，在这个过程中，对自己、对妈妈都有了不同的了解。配合 PPT，讲述时更是从多个角度、多个方位，把自己的妈妈展现在小朋友的眼前。有的孩子说："这是我在妈妈的肚子里（妈妈将自己怀孕时 B 超中孩子的样子拍了下来）。"有的孩子说："我发烧了，生病了，妈妈带我去看病。"有的孩子说："妈妈教我叠衣服。"有的孩子说："妈妈和我一起种花。"有的孩子说："我妈妈喜欢对我笑，喜欢亲我。"有的孩子说："我喜欢让妈妈抱着，听妈妈讲故事。"记得有这样一张 PPT，范路杨的妈妈手臂上有一个红红的长长的口子，我问他是怎么回事，他说是他用剪刀给妈妈剪的。我问为什么呀？范路杨回答："我用剪刀剪着玩，就剪到妈妈的胳膊了。"我问："妈妈生气了吗？"他说："没有，妈妈说剪刀很危险，下次别拿剪刀玩了。"通过讲述，孩子们发现妈妈总在我们的身边，她对我们的爱是满满的，是无处不在的，是看得见，摸得到的。还有一些讲述让孩子初步知道了一些职业，桐桐说："我妈妈每天很晚才回来，她很忙，她是律师。"小甄指着照片说："我妈妈是药剂师，她在抓药。""我妈妈也是老师，她教哥哥姐姐。"文文对大家说。还有的孩子在讲述中说："我妈妈带我去海边玩。""妈妈带我去香港玩。""这是妈妈带我去上海玩。""妈妈还带我到海南玩。"……从讲述中孩子们又认识了很多的地方。每一名小朋友的讲述都给大家带来了不同的感受。

通过这次活动，讲述的孩子第一次站在这么多小朋友面前，用自己的语言描述一张张照片，他们从胆怯到渐渐勇敢，从不敢面对到昂起头挺起胸，向大家娓娓道来。而听讲述的孩子也从中了解了一些职业、一些地点的名称，讲述者和倾听者各有收获。但是在演讲过程中也有一个问题，就是在讲述中孩子们多是背诵每一句话，而不是像自己说出来的。针对这个问题我们进行了反思，PPT 的制作中父母完成得较多，孩子参与较少，所以他们只是机械地背诵。怎么办？怎么能让孩子有感而发，让孩子自己讲述，而不是背诵呢？

第二阶段，自由选择主题演讲

一天，姗姗把自己画的画及做的手工都带到了幼儿园，结果被别的孩子一碰撕了一角，姗姗哭了。孩子们纷纷想办法，帮姗姗补上了。这时我问大家："姗姗的画为什么撕了？""那怎么就能让大家都看到？""举高点。""这几个小朋友看完，别的小朋友再看。""拍照片，放在那儿（电子大屏）看。"最后达成一致，拍照片，放PPT讲述。因此产生了第二个演讲活动——自由选择主题讲演。

我们与家长进行了沟通，先说明此次活动的目的，而后请家长先听听孩子说自己喜欢什么，再针对喜欢的事详细说明。同时提醒家长，在与孩子一起收集材料的过程中，要让孩子知其然，更要知其所以然。

然然最喜欢米老鼠玩具，这天她抱来米老鼠玩具对大家说："大家好，我今天演讲的是我最喜欢米老鼠。我两岁生日的时候，妈妈送给我一个礼物是米老鼠。我在家里抱着它，我和小伙伴玩的时候也得把它放在身边。我回湖北的时候也得带着它回湖北。我的衣服是米老鼠的、鞋是米老鼠的、书包也是米老鼠的……"

诺诺向大家介绍了她最喜欢的："我今天演讲的是我最喜欢的海底小纵队的动画片。海底小纵队是由八个动物组成的，第一个我来介绍巴克队长，它是一只北极熊，天气冷了它也不怕……"

硕硕最喜欢陪妈妈去超市，所以他讲述："我喜欢去超市，这是我家附近的超市，有乐天超市、华润超市。请小朋友和我一起逛超市吧。这是水果区，这是蔬菜区，这是调料区，这是生活用品区，这是零食区，妈妈不让我吃零食，我每次到这里看看就行……"

孩子们讲述着自己不同的喜好，他们的PPT上不再有那么多的文字，看着自己的PPT就可以给小朋友讲述最喜欢的事情。他们讲述了自己喜欢的职业、讲述了自己最爱的图书、讲述了各种各样的小动物、讲述了不同型号不同样式的汽车……在讲述中，孩子们自信了、勇敢了，说得更加流畅了，演讲者收获了，听众们也收获了。

第三阶段，意犹未尽兴致盎然

历时两个月的"小小演说家"的活动即将结束，每名幼儿都站在舞台上讲述了自己的妈妈，讲述了自己最喜欢的东西。孩子们用自己稚嫩的语言讲述着妈妈对自己的爱，同时也学会了用语言表达自己对他人的爱。他们向大家讲述着自己为什么喜欢这些东西，介绍着这些东西的特点与不同。活动接近尾声时，家长们纷纷说："演说家的活动很锻炼孩子，他们一次比一次说得流利，讲得大胆，希望老师还能安排这样的活动。"有些家长将自己制作的PPT打出来制成了书，放在图书区，孩子们可喜欢给大家讲这些故事了。有一天，依依对我说："李老师，我还想给小朋友演讲。我还想讲讲我的新裙子。"孩子们听她一说，纷纷七嘴八舌地说："我想讲开碰碰车。""我想讲我画的画。"由此，"小小演说家"活动继续着……

语言表达能力是人一生中最重要的一种能力，是其他各种智能发展的基础。著名哲学家海德格乐曾经说过："语言就是人的家园，语言就是人的生活，语言就是人的存在。"创设真实的语言美是非常重要的，因此，我们必须充分地了解和把握小班幼儿年龄段的生理、心理及智能特点，采用多种途径、多种方法为幼儿提供轻松、自由的环境，让幼儿在愉快的活动中成长，从而促进语言的发展。

艺术

缤纷的"格子节"

许 蓓 赵 迪

"蓓蓓老师！你的格子裙子真漂亮。"孩子们对我的新裙子产生了兴趣，我刚一进门他们便纷纷把我围住了。有的孩子伸出小手抚摸着我这条红格子裙啧啧地赞叹着，有的孩子虽然站在外圈，也向我投来了羡慕的目光。突然有个女孩子说："我也有漂亮的格子裙！"这一句话在孩子们中间立刻炸开了。大家纷纷表示自己也有格子衣服、格子裙、格子裤子……面对孩子们的夸奖，我一边表示感谢，一边带着孩子们一起欣赏、寻找班中带有格子的物品。哇！漂亮的花瓶、头巾、娃娃家的桌子台面，甚至图书的边框，都是格子！孩子们意外发现了格子竟然无处不在。在大家七嘴八舌地讨论中，有人提议："我明天也要穿格子衣服。"他的提议引发了全体小朋友的呼应。"我也要穿！""我也有！"……孩子们欢呼着："哦！太棒了，明天大家一起穿格子衣服！"通过孩子们共同商量，我们决定一起过一个缤纷的"格子节"。

"格子节"来袭

第二天一早，孩子们便早早来到幼儿园中相互交流、欣赏着彼此身上色彩缤纷的格子服装，有衣服、裙子、围巾、帽子、袜子……这些格子不但颜色漂亮，而且大小、形状各不相同。早饭后，我们坐在一起仔细地欣赏着彼此美丽的格子衣服。图图说："我的格子衣服是绿色和黑色的格子，是我爸爸给我买的。"说完他骄傲地扯着自己的衣角给大家展示，图图的自告奋勇赢得了大家的掌声。于是，我趁机问孩子们："是呀，大家的格子都不一样，谁还想给大家介绍介绍自己身上与众不同的格子服装？"思睿说："我的格子在里面呢！"说完他拉开自己的外衣，露出里面的格子衬衫。"还有我的袜子，"紧接着他又拉起了自己的裤腿，露出了米色的格子袜子，带着一脸的自信与满足说，"你们看！"宽宽说：

"我没有格子的衣服,我的格子在帽子上!"说完,他跑到装着帽子的筐中找到自己的格子帽子戴在头上。大家惊呼:"真帅!"一向有些腼腆的宽宽红着脸笑了。在大家你一言我一语地介绍中,大家相互赞美着、相互肯定着。孩子们发现原来每个人都是这么美,每个人都与众不同。在观察中,孩子们认识了不同色系、不同排列、不同表现形式的格子;在欣赏中,孩子们感受到格子独特的美;在讲述中,孩子们展示着自己的自信和独一无二。

记录我们的美丽瞬间

"我想让爸爸妈妈也看到咱们都穿格子的衣服,"贾艾霖说,"能不能给我的妈妈发个微信?""我也要,我也要……"孩子们纷纷表示着自己也想给爸爸妈妈发个照片,让他们看到"格子节"大家的美丽。"当然可以。"我说着从柜子里拿出手机,"我们请别的老师给咱们拍个格子全家福吧!"孩子们高兴地跳了起来。除了全家福,我还应孩子们的要求拍摄了单人照片、好朋友照片。孩子们开心极了,捧着我的手机翻来覆去地看着。每个人与众不同的造型和表情,这就是不一样的我。

我是小小设计师

过渡环节时间,我将美术大师蒙特里安的格子画放在班中的大屏幕上,任孩子们自由翻看。红黄蓝白的视觉冲击,让孩子们惊讶地合不上嘴。原来,格子还可以这样呀!看了大师蒙特里安的格子画,孩子们跃跃欲试,也想自己动笔设计格子画。那就让我们做一个小小设计师,把我们喜爱的格子都画下来吧!班里区域中用来涂色的服装纸样瞬间成了抢手货,大家纷纷拿来设计属于自己的格子服装。看着孩子们认真的神情,我想,他们已经深深地沉浸在格子的世界中了。

除了服装上的格子,生活中也充满了格子:地面的瓷砖、洗澡用的毛巾、妈妈的背包、软地垫、壁纸……孩子们从家中带来了自己生活中的格子物品。同时,孩子们也提议尝试着将自己生活中的废旧物进行装饰,让它们也穿上格子衣服,变得和我们一样漂亮。可是问题出现了:在立体的纸盒、圆柱形的奶粉桶上画格子的难度要比在纸上大得多。有的小朋友努力地尝试着,有的小朋友向我求助说:"老师,我总是画不好。"这时候,我拿出透明胶条神秘地告诉他说:"我们来做一个格子捉迷藏的游戏吧。"孩子们被我的神秘游戏吸引过来,我用胶条将纸

盒勒出格子的形状，等孩子们将颜色刷在上面后，我将胶条撕下来。这时，孩子们惊呼："哇！格子出现啦！"看到了这神奇的变化，大家都纷纷要求尝试，班中的纸盒、小桶、花盆都被孩子们穿上了美丽的格子服。

格子的世界无限大

在"格子节"的影响下，孩子们开始更加认真地观察周围的世界了。有的小朋友说："老师，楼房也是格子的呀，窗户就是格子。"有的小朋友发现自己家中冻冰块的盒子也是格子组成的。有的孩子拉着我去看班中装玩具的小筐，每个网眼都是一个个小小的格子。他们还发现了书柜、巧克力等生活中常见的物品，仔细想想，原来这都是格子组成的。孩子们将格子的世界拓展到无限大。

生活中的观察对于儿童的发展有着积极的促进作用。让我们赋予孩子们一双发现美的眼睛，共同寻找生活中的美，让他们自由地表达对于美的追求和热爱，让孩子的眼界在更广阔的天地间无限拓展。

小点点旅行记

郑宝军

点点引发的思考……

"奔奔,我的小点点画好看不?这些是苹果,妈妈带我去采摘时,苹果树上的大苹果就是这样的……"美术课上,子煜指着自己手指点画的作品对身边的奔奔说。"我的点点画是我花裙子上的点点,多漂亮啊!"依依在一旁自信地说着。"我的是妈妈带我去动物园我看到小豹子身上的点点,我还在妈妈的脸上发现了点点呢……"其他的孩子也在小声地说着自己的作品……孩子们的谈话引起了我的思考,《3—6岁儿童学习与发展指南》(以下简称《指南》)在艺术领域中指出,"引导幼儿学会用心灵去感受美和发现美,用自己的方式去表现美和创造美。"波点作为美术装饰的一种很常见的花纹,却在孩子们眼中变成了不一样的美,这不正是孩子们眼中发现的美吗?小班幼儿处于涂鸦期,赋予角色和情境是小班幼儿的年龄特点。同时,小班幼儿喜欢色彩游戏,将点点的游戏与美术巧妙地结合,引导孩子们参与美术活动的兴趣,发现并感受生活中的美,这也正是《指南》中指出的3—4岁幼儿的发展目标啊。于是一个有意思的以"小点点旅行记"为主题的活动在孩子们的启发下生成了。

我来给你穿花衣

3—4岁左右的孩子可以在纸上用涂鸦的方式来变现出他们理解的物质世界。他们总把观察到的外界事物,赋予自己美好的情感去想象、加工、联结,画面天真烂漫,有时旁人似乎看不明白,但却表现出幼儿天生就具有的独特的创造力和想象力。

结合孩子喜欢涂涂画画的年龄特点,在日常生活中我有意识地引导孩子们在玩中认识、感受色彩,去观察、发现"小点点都会到哪儿去旅行"。于是,孩子

们在花朵上、长颈鹿的身上、汉堡包上、花蝴蝶上、漂亮的衣服上、美丽的花朵上、好吃的冰淇淋上……都找到了小点点的影子。孩子们利用棉签、手指点画的形式在纸盒、纸袋、瓶子等多种材料上进行点画装饰。孩子们在快乐的游戏中表达自己眼中点点的美。

巧手撕纸真快乐

爱撕纸是孩子的天性，采用手工与绘画相结合的方法能激发幼儿的绘画兴趣。同时，不同物体上的点点花纹所呈现的美也各不相同。于是，我用儿歌的形式引导幼儿观察不同物体上不同的点点花纹的美。儿歌的运用增加了活动的游戏性，孩子们在观察后立刻兴致勃勃地选择作业单，大胆地用撕纸装饰自己所熟悉的物体。胤泽一边撕一边说："点儿，点儿，落在小豹子的身上，小豹子穿上了花衣裳。"听了胤泽的儿歌，旁边的依依也迎合着："点儿，点儿，落在了姐姐的身上，姐姐穿上了花衣裳。"接着，孩子们都随着儿歌替换成了自己要表达的内容，体验着操作活动的乐趣。

《指南》指出幼儿对事物的感受和理解不同于成人，他们表达自己认识和情感的方式也有别于成人。幼儿独特的笔触、动作和语言往往蕴含着丰富的想象和情感，在孩子们的眼中动手创作是他们最好的游戏，孩子们一边说一边做，手舞足蹈，"玩"就是孩子最好的活动。点点落在每个不同的物体上都有孩子们自己的创作与表达，我们要正视孩子们眼中的世界和我们成人的世界不一样。

作为老师，我们要尽可能地为幼儿提供多种材料进行艺术探索，使孩子们从对材料的感性认识中理解造型和各种创造中出现的可能性，启迪孩子们从材料的角度进入对形与色等艺术语言的理解，传达自己的生活体验，并逐渐积累出一种自己独特的视觉创造经验。

点点大变身

随着活动的开展，点点已经成为了孩子们的好朋友，生活中孩子们都会发现小点点的影子。美工区中，孩子们正在用不同的形状进行颜色拓印。我对孩子们说："孩子们，你们能不能让大点点宝宝变身，变成一个你爱吃的水果宝宝呢？"听了我的话，顺顺低头看看自己拓印的圆形，又拿在手里转了几下，然后拿起棉签在圆形的顶部添画上一条弯弯的小线，然后特别自豪地对我说："你看，点点变成了一个大苹果。"我向顺顺做了一个竖大拇指的动作,于是又问顺顺:"那旁边那个方形的点点能变成什么水果宝宝呢?"顺顺把这幅拓印的方形转来转去看了好一会儿,又看看我。这时一旁的小小说:"顺顺,我知道可以变成什么水果宝宝,我昨天刚吃完的菠萝啊。"于是,小小拿起棉签在方形的顶端画了一个菠萝的小帽子,然后高兴地对我说:"郑妈妈,这个游戏真有意思啊!"我们又开展了点点大变身的借形活动,孩子们在生活化的游戏中体验到创作的乐趣。

美术的博大精深与美妙,并不是像与不像就可以概括的。这也是《指南》中指出的,不能用像与不像去评价孩子的作品,而是要用欣赏的眼光来肯定孩子的作品。因为绘画是幼儿自我表现的方式之一,它能表现孩子的知识、经验、能力,表达他们的情感、愿望,更能展现孩子们的童真、异想天开和富有童趣的"创"和"新"。美术活动旨在培养和发展孩子的创造性思维,使幼儿能大胆地进行美的表现,在画的过程中体会到创造的快乐。

健康

小小感冒被赶跑

李 霞

我被感冒袭击过

"媛媛老师，乐乐今天来了吗？"我问媛媛老师。"乐乐没来。"烁烁对我说。我反问烁烁："你怎么知道的？""我今天早上给她打电话，她妈妈说的。"乐乐和烁烁在同一栋楼住，每天都要一起走，所以烁烁会知道。"那你知道她怎么了吗？"我刨根问底地问。"她感冒了，她妈妈说她发烧了。""老师，我也感冒了。""我也感冒了。"孩子们纷纷对我说，我问孩子们："你们感冒的时候会有什么感觉？"有的说："我感冒的时候会发烧。"有的说："我上次感冒的时候还咳嗽。"也有的说："我发烧的时候流鼻涕，吃了好多的药。"……

在我们聊天的过程中，聚集了不少的孩子，他们纷纷参与到这个话题里。

"得过感冒的孩子请举手。"我说。这时很多的孩子都举起了手。我又问："为什么你们这么多人都得过感冒？""妈妈说感冒会传染。"轩轩说。"感冒是小病，每个人都会得。"壮壮说。"有一次我们全家都得感冒了。"琪琪说。"感冒真会传染吗？"我问。有的孩子说："是。"有的孩子沉默，有的孩子望着我。孩子们被我给问住了。这时烁烁说："感冒是传染，我们一打喷嚏，一咳嗽就会传染。"她怕大家不信，又说："是我妈妈说的。""是不是真像烁烁说的那样呢？让我们做个试验试试吧。"我想让孩子们亲眼看看，以了解感冒的传播方式，所以对孩子们说了这样的话。但做什么实验能准确地表现出传播的方式呢？我开始冥思苦想起来。

小实验大揭秘

一天，姗姗在擦班上植物的叶子时，不停地用小喷壶给叶子喷水。我突然想到这不就像是在打喷嚏吗？我可以用小喷壶装满水每挤压一次，就像是打一次喷嚏。找到模仿打喷嚏的媒介物，什么东西能模仿咳嗽呢？我又一次陷入沉思。什么既要有爆发性又能飘浮在空中，想来想去突然想到了气球，将气球内装一点水或者手绘的病毒图片，将其吹大，被扎破时水或者病毒图片就会慢慢落下。想到这儿，我就开始筹备起来。

"孩子们，你们都知道感冒病毒是主要靠空气飞沫传播，鼻涕、喷嚏里也含有很多病毒，它们怎么在空气中传播的呢？挤压小喷壶就像是在打喷嚏，扎破气球就像是在咳嗽，我们看看会出现什么？让我们试试吧！"孩子们听完我的提议，纷纷开始尝试，有的扎气球，有的拿喷壶，水雾飞溅。这时有的孩子说你喷到我的衣服上了，有的孩子说你喷到我的脸上了，还有的说我的头发湿了。不一会儿，地上也湿了一片。"你们挤压小喷壶、扎破气球时，看到了什么？"我问。孩子们说："有水出来了。""有水雾出来了。""我的衣服都湿了。""我扎破气球时有病毒出来了。""哪个是病毒？"我问。他们从地上捡起一个，这是由老师们手绘的病毒图片。"那我们想想，刚才老师说挤压小喷壶就像是在打喷嚏，扎破气球就像是在咳嗽，那空气中的水雾是什么呢？""是病毒。"孩子们纷纷说。"谁沾上病毒了？请告诉我。"孩子们不约而同地举起了手。我继续问："我们怎么能远离病毒呢？""带口罩。""打喷嚏捂着嘴。""把窗户打开。"……孩子们争先恐后地说。为了能让这些零散的经验整合起来，我留了一个任务："我们每个人都回家查一查，问一问，怎么能让我们远离感冒，身体健康？"

预防感冒我知道

孩子们带着问题都积极地寻找着答案,今天孩子们带来了各自的答案。轩轩说:"我从网上查到的是不能随地吐痰,要常开窗通风。"滔滔说:"要勤洗手,妈妈说病从口入。""我们还要经常锻炼身体,增强体质就不容易感冒了。"小甄说。"爸爸说打喷嚏时要捂住口鼻,还要这样做。"闹闹边说边将胳膊向内弯曲,挡住口鼻。欣欣说:"我们减少到人多拥挤的地方去,这样也能躲开感冒。"孩子们将自己的方法纷纷说出来。"我们都知道了这么多的方法,但还有很多人,很多小朋友不知道,让我们把这些好方法记录下来,让大家都知道好吗?"孩子们开始画的画,写的写,忙成了一团。不一会儿,孩子们就制作好了。"走,我们要发给大家,让更多的人了解怎么预防感冒。"

科学

自然角里的"毒蘑菇"

杨 颖

"老师快来看,我们的小菜园里长出毒蘑菇了!"我循声望去,原来是子昂和涵涵正在观察他们小组种的黄瓜,结果惊奇地发现花盆里长出了两个小小的、浅黄色的蘑菇,细细的秆已经倒向一边,仿佛快支撑不住它的小伞。

喊声吸引了其他小朋友,大家都围了过来。只见他俩激动地指着两个小蘑菇说:"千万不要碰,肯定有毒!""可是书上说毒蘑菇都是彩色的,这个不是呀!"可可说。"如果不是毒蘑菇,那我们没种,它怎么会自己长出来呢?肯定是有毒的。"子昂仍然坚持。

"老师,这个到底是不是毒蘑菇啊?"这时他们的目光都迅速投向了我,迫切想知道答案。为了激发大家自主学习和探究,我对他们说:"老师对蘑菇也不太了解,为了给你们一个准确答案,我要回去查一查,你们也回去查一查,看看能不能找到答案,好吗?""好的,我们一定能找到答案。"孩子们各个兴奋地接受了任务。晚上回到家,我上网查找了相关资料,才发现原来对于蘑菇我们有多么的不了解。不知明天孩子们会给出怎样的答案呢?

小小辩论会

第二天,孩子们有的拿着书,有的拿着网上下载的介绍文字和图片来到幼儿园,我们展开了一次认识蘑菇的活动。首先讨论的是花盆里的蘑菇到底有没有毒,经统计,全班有不到一半的孩子认为有毒。看到大家仍持有不同意见,我想正好可以开个辩论会,于是对大家说:"那我们调整一下座位,针对蘑菇是否有毒开一个辩论会,你们说说自己的观点,好吗?"大家对此非常赞同,把小椅子马上摆成了面对面的两排。经过商议,认为没有毒的为正方,认为有毒的为反方,辩论会开始了。

正方的阳阳先发言:"毒蘑菇都是颜色鲜艳的,有红色、绿色还有黑色的,特别是紫色的是有剧毒的,我们班这个不是彩色的,所以不是毒蘑菇。"

听了正方的发言,子昂立刻站起来说:"我也查了,不是所有的毒蘑菇都是彩色的,有一种蘑菇就是白色的,但它却有剧毒,能吃死人,所以我们班这个也可能是毒蘑菇。"

正方又有人发言:"我看网上说有毒的蘑菇生长在特别脏的地方,可是我们班的土不脏,所以我觉得没有毒。"

反方的沐沐突然站起来说:"你说得不对,我也看了不是这样的,有些我们吃的蘑菇还生长在粪便上呢,难道粪便不脏吗?"

孩子们七嘴八舌,各抒己见,仍没讨论出班里的蘑菇是否有毒,但最终我们达成一致:因为蘑菇的种类非常多,无法具体判定班上的这两个小蘑菇究竟是否有毒,但这种野生的蘑菇还是不吃为好。在讨论中,孩子们都能积极大胆地表达自己的想法,也丰富和了解了很多关于蘑菇的知识,这个过程比结果更重要。

蘑菇是怎样生长的

在辩论会上有人提到了蘑菇的生长环境和繁殖方式,大家对此产生了兴趣,有的说蘑菇长在土里,有的说长在木头上,还有的说长在粪便上。蘑菇到底长在哪里?是怎样生长的?大家又产生了疑问,虽然了解了一些相关知识,但不够全面。考虑到蘑菇的生长方式有别于其他植物,可以借此机会让幼儿了解一下这种菌类植物生长的知识,于是我请大家再回去查一查蘑菇是怎样生长的,回来再进行讨论。与此同时,我把活动通过微信告知了家长,希望得到家长的支持与帮助。

从此以后,每天都有孩子带来相关资料,还有的家长特意下载了相关视频。小贞说:"蘑菇是一种菌类植物,它不会开花,也没有种子,是一种菌,当温度合适、水分充足时,菌就会慢慢长大成为蘑菇。"乐乐的爸爸下载了很多图片,并分好类,乐乐一边讲一边播放图片:"蘑菇有土里长的,如双孢蘑菇;有木头上长的,比如我们常吃的香菇;还有长在稻草上的,比如草菇。"孩子们听得别提有多专注。这时维维问我:"老师,我们在班里能种蘑菇吗?"对呀,种蘑菇是个不错的主意。

种植蘑菇

当家长得知孩子们想种蘑菇的想法后，纷纷表示支持。一位家长提议去网上查查，我在网上果然查到了各种蘑菇的菌包，孩子们看了之后想种蘑菇的愿望越来越强烈。那么，种什么蘑菇呢？"种金针菇吧，我最爱吃金针菇了。"牛牛说。"我想种香菇，因为香菇特别香，我们班也会变香的。"子墨说。想到班上有很多孩子不爱吃平菇，我问："有人想种平菇吗？"果然很多孩子回答："我最不爱吃平菇了，我不种。""那老师种吧，老师喜欢吃。"我说。就这样，我们选择了种植香菇、金针菇、平菇。我们一起认真学习了网上的种植方法，孩子们也根据自己的喜好分好了小组。

"蘑菇的生长环境需要较高的温度，可现在的温度达不到怎么办？"我又把问题抛给了孩子们。"给它浇热水吧！"康康刚说出口就迎来一片反驳声："那怎么行？还不把菌丝都浇死了，不能用热水！""给它盖上被子吧。"格格提议，这个办法好像可以。"也可以给它做一个大棚，大棚的温度也很高。"米果说。"大棚怎么做呢？""用保鲜膜吧。"在激烈的讨论中孩子们统一了意见，有的从家里带来毛巾当被子给菌包盖上，有的拿来保鲜膜给菌包做了个大棚，很快蘑菇就种好了。接下来的日子，孩子们每天都惦记着蘑菇，会去看看它，给它喷点水。没过几天，小米粒一样的蘑菇开始冒出来了，慢慢地每一天都有新的变化，就像一束束花朵。孩子们觉得太神奇了，兴奋不已。

一个多星期后，一批蘑菇成熟了。孩子们小心翼翼地摘下来，捧在手里看了又看，喜欢得不得了，最后在大家的提议下把蘑菇送到食堂请老师为我们炒熟。午饭时大家吃上了自己亲手种的蘑菇，脸上洋溢着强烈的满足感和成就感。那些当初说不爱吃平菇的孩子，各个都吃得津津有味呢。

因为好奇，幼儿对蘑菇产生了兴趣，因为兴趣会让幼儿自主学习、探索，从中收获的不仅是关于蘑菇的知识，更多的是良好的学习品质。好奇是孩子的天性，老师怎样回应幼儿的好奇心，会直接影响幼儿的学习兴趣和自主学习意识的形成。所以我们一定要鼓励和重视幼儿的问题，让幼儿敢问、爱问，成为爱思考、爱创造的人。

恐龙的世界

张燕苹

《指南》指出："幼儿科学学习的核心是激发探究欲望，培养探究能力。"老师要善于发现和保护幼儿的好奇心，充分利用自然和实际生活，引导幼儿通过观察、比较、操作、实验等方法，学会发现问题、分析问题和解决问题；帮助幼儿不断积累经验并运用于新的学习活动，形成受益终生的学习态度和能力。

为恐龙找耳朵

一次绘画恐龙的活动中，雷虞问我："老师，恐龙的耳朵是什么样子啊？"我仔细观察图片上恐龙的头部，还真没有找到呢。

我对雷虞说："你观察得真仔细，恐龙的耳朵什么样子，咱们一起去找找答案好不好？"一旁的郭雨菡听见了说："恐龙怎么可能没有耳朵呢？没有耳朵怎么能听到声音呢？""对呀，没有耳朵就听不见声音了，有恐龙过来吃它，它就被吃掉了……"很快，"恐龙的耳朵哪里去了"这一问题在班里引发了幼儿的探究兴趣。恐龙到底有没有耳朵？大家形成了两组不同意见，并展开了争辩。我和大家一起搜寻不同恐龙的图片，仍然没有发现恐龙的耳朵。但是"没有耳朵，恐龙是怎么听到声音的"这个问题大家仍争论不休，激发了他们回家进一步探究的想法。

第二天，嘟嘟拿着一张爷爷画的霸王龙，上面清楚地写道："恐龙是有耳朵的，只是恐龙的耳朵只有内耳和中耳，没有外耳廓。"作为重大发现，都把这个答案告诉给大家。郭雨菡带来了另一个答案："恐龙的耳朵跟蜥蜴一样，是一个耳洞，它可以使恐龙听到声音，蜥蜴就是恐龙灭绝后的后代。""老师，我知道恐龙灭绝了，它们是在火山爆发时灭绝的。"亮亮还没等郭雨菡的话音落下便着急地说。吴正祺也站起来大声喊："恐龙是生活在白垩纪、三叠纪和侏罗纪的，现在都已经灭绝了，只有恐龙博物馆里还有恐龙的化石。""老师，我看见过恐龙。""我也看见过恐龙。"这时有的孩子开始表达自己的想法。吴正祺立马反驳道："你们看见的都是假的，真的恐龙早就已经灭绝了，在还没有人类时，恐龙就都已经灭绝了。"

即使一个细小的问题也会引起幼儿一系列的探索活动。我把问题又一次抛给了孩子们:"什么叫灭绝?""就是都死了。"有的孩子说。"恐龙真的灭绝了吗,怎样灭绝的?"这个问题在幼儿中引起了争论,带着这个问题,大家投入到新一轮的探究中。

恐龙的灭绝

一大早,几个孩子举着"恐龙灭绝"的新闻来了,你一言我一语开始分享各自的答案。雨菡说:"恐龙是在火山爆发时,火山灰遮住了太阳,所有的生物都死了,恐龙没有吃的,就被饿死了。"豆豆说:"恐龙是因为地震,它们住的地方都塌了,被砸死了。"雷虞说:"恐龙是因为互相残杀,赢的都把输的吃掉了,最后只剩下一只恐龙,它没有吃的就死了。"听着孩子们的回答,我惊喜地发现他们能够分享自己找到的答案,甚至能帮助同伴进行分析。看到孩子们对恐龙的兴趣如此强烈,我又发起了一个新的活动:"明天把你知道的恐龙知识制作成简报,配上图同小朋友分享一下。"话音刚落,大家迫不及待地说:"我认识暴龙,暴龙也叫霸王龙。""我认识翼龙,翼龙是会飞的。"……

恐龙知多少

第二天,教室的柜子上摆了大大小小十几只恐龙。大家争先恐后地说:"张老师,我带恐龙了。""我也带了,我带的是剑龙。""我带的是腕龙。"豆豆说:"张老师,我还带来了一本《恐龙百科书》。"……吃完早饭,孩子们就开始摆弄并相互介绍着自己带来的恐龙,图书区同样也受到很多孩子的追捧。

我拿起一只头顶有一个角的恐龙疑惑地问:"这是什么恐龙?"很多孩子都说不知道。"那我们可以用什么方法认识这只恐龙?""可以回家问问爸爸妈妈。"有的孩子说。"怎么问?爸爸妈妈怎么知道你要问哪只恐龙?"杨景文说:"可以让张老师拍照给妈妈发过去。""对呀,张老师用手机拍张照片发给爸爸妈妈不就行了?"

既然是孩子们想出的学习方法,就支持他们。于是我拿出手机,拍了张照片发到微信群里,并将孩子们讨论时的对话发给了家长,很快就有家长反馈:"怪不得最近每天回家,孩子都问关于恐龙的事。"

这时区域活动时间到了，做计划时，很多孩子都计划去图书区看恐龙的书，亮亮、郭雨菡很快从书中找到了这只恐龙。我走近看了看，上面写着"似棘龙"，我把这个名字告诉了图书区的几个孩子。没过多久，有家长把找来的关于照片中恐龙的名字也发了过来，叫副栉龙。为什么会出现两个不同的名字呢？

第二天，班里的"恐龙发烧友"吴正祺带来了妈妈帮忙搜集到的答案："因为恐龙的种类太多了，很多长得很相似的恐龙有不同的叫法，但这种恐龙最多的叫法是副栉龙，它的角叫头冠，可以发出声音。"他还给大家介绍了肉食性恐龙，如霸王龙、棘龙；食草性恐龙，如三角龙、剑龙。

恐龙的家

孩子们带来的恐龙放在哪里更合适，更有利于激发幼儿对恐龙知识的探索和学习呢？于是我们决定给恐龙找个家。大家一致认为可以把恐龙放在建构区，郭灵宇说："我想给恐龙搭一个房子。"于是区域活动时，建构区的孩子们开始给恐龙搭房子。很快，杨景文的楼房搭好了，他拿着一只恐龙放了两次都没放进去，最后把恐龙侧平躺着才放了进去。我问他："现在恐龙只能平躺着，如果它想站起来怎么办？"他看了看搭好的房子说："可是这个积木太矮了，它进不去。""那你有什么办法可以让房子变高一点？"这时孙熙然拿来一块最长的积木，竖着立在最高的恐龙身旁。"这个积木比恐龙高。"于是两人一起用四根长积木做柱子，上面又搭上房顶，房子搭好了。"这下恐龙能放进去了！"杨景文开心地跟身旁的小朋友分享着成功的喜悦。

探秘恐龙展

一天，郭雨菡带来了一条关于恐龙展的新闻，孩子们听完纷纷说："我也让我妈妈爸爸带我去！"看到孩子们兴趣正浓，我们通过讨论决定去自然博物馆参观，这个决定也得到了家长的支持。在博物馆里，孩子们被一副副庞大的恐龙骨架吸引住了。"那是霸王龙。""那是翼龙。"孩子们一进去就争先恐后地为同伴和爸爸妈妈指认自己认识的恐龙。有的小朋友迫不及待地向讲解员叔叔请教恐龙的知识。大家最感兴趣的是"恐龙乐园"，有各式各样的恐龙蛋化石，大的小的、长的短的、圆的扁的，形状各异。电动的恐龙、仿真的叫声将大家带入了恐龙生活的时代。

一个关于恐龙耳朵的问题打开了孩子们的兴趣之门，激发并满足了他们的好奇心。当产生浓厚兴趣之后，他们会不仅仅满足于知道的恐龙耳朵的知识，而是自然生成了恐龙灭绝等一系列问题。教师接住幼儿抛过来的球，给予他们思考的时间，引导其想出解决问题的各种办法。随着一个个问题的解答和新问题的生成，恐龙的相关知识在孩子们心目中越来越清晰，班里简直成了一个恐龙的世界，任由孩子们探索。教育的目的是让孩子成长，而不是显示自己的聪明和才华。教师要保护孩子的主动性，关键是放下自我，也就是在学生面前示弱，适当的示弱是一种智慧。本次活动正是因为教师的适当示弱，使得幼儿不仅开阔了眼界、丰富了关于恐龙的知识，还进一步学会了自主学习的方法。

社会

走进圆明园

段文谢

中班幼儿,对周围的新鲜事物感兴趣,喜欢将自己的所见所闻讲给伙伴们听。为此,我们为孩子们搭建了一个表达和交流的舞台"新闻我来说"。让孩子们敢于当众清楚地表达自己的想法,有机会互相分享经验,在交流中丰富自己的认知。

今天又到了"新闻我来说"的时间,小皓带来的自制简报引起了孩子们的兴趣。"小朋友们,你们知道这是哪里吗?以前这是皇上居住的地方,它的名字叫圆明园。不过很久很久以前已经被人放火烧毁了,有的东西被偷走了。周末,我和爸爸妈妈一起去了圆明园的西洋楼景区。"小皓边指着图片边说,"这里是海晏堂,原来旁边还有十二个兽首围坐,向中间的大贝壳喷水,可惜这些十二兽首已经不在这里了;这是大水法,原来皇上就坐在这看喷泉……虽然已经都被毁坏了,但它真的很漂亮!……""是谁放的火?""他们为什么要这样?""他们把东西拿哪儿去了?""十二兽首是干什么的?"一个个问题接踵而至,更有小朋友攥着拳头皱着眉说:"这些外国人太坏了!"小皓叹息:"唉,我要是在没烧毁之前来就好了!"

孩子们你一言我一语,他们愤怒、激动的心情难以平静。我没有想到孩子们的爱国热情如此强烈,对历史的渴望是那么的真切。

《指南》指出:"要促进幼儿的发展,追随孩子的兴趣。"简报引出了孩子们共同的兴趣,我要支持并进行推进。于是,班中开展了"走进圆明园"的活动。

活动一,观看纪录片,初步了解历史

根据孩子们的问题,我们观看了"英法联军火烧圆明园"的纪录片。一段段历史重新演绎,当孩子们看到大火吞噬了圆明园,一些文物被英法联军破坏和掠夺的时候,有的不由自主地站了起来,有的紧皱着眉头,怒道:"太可恶了!"

孩子们记住了这段历史，有的还沉浸在刚刚的悲伤中。嘟嘟说："老师，圆明园没被烧毁的时候是什么样子？"

要是放在过去，我肯定会马上搜出图片让孩子们看，不过这一次我打算将问题抛给孩子们。

"小皓，你去了圆明园，还买了光盘，你知道没被烧毁的时候是什么样子吗？"我问。

"妈妈给我看过，网上就有，小朋友们可以上网搜'圆明园复原图'很快就能看到。"小皓认真地说。

活动二，搜集资料，感受圆明园之美

于是，家长和孩子们一起查阅资料、收集图片，每天班里都有一则"圆明园的信息"。老师更是认真地学了起来，生怕被孩子们问倒。

孩子们对圆明园越来越感兴趣，想了解的也越来越多。文朗带来了"十二兽首现在去哪儿了"的资料紫慧给我们讲了"观水法的故事"，许嘉禾告诉了我们"什么是猎狗逐鹿"。

所有小朋友都把自己搜集到的资料和大家一起分享，在此过程中，孩子们知道了圆明园是由许多中国工匠历经很多年辛苦打造的，大大激发了孩子们的民族自豪感。当看到圆明园的复原图时，孩子们惊叹、自豪。我们和孩子一起讨论了对圆明园美的感受，他们总能用表情、动作、语言等方式表达自己的理解。

活动三，社会实践活动"走进圆明园"

孩子们每天都在讨论着圆明园，就连我们班的微信群也忙了起来，家长们纷纷称赞孩子是多么的爱提问，喜欢搜集资料，渴望了解历史。

有一天，彤彤的爸爸在微信群里倡导："不如哪天咱们全班带着孩子一起去圆明园吧。"彤彤的爸爸的想法得到了很多家长的支持，于是我们和孩子准备走进圆明园，去亲眼目睹这有几千年历史的优秀园林艺术。

去之前，孩子们做了充分的准备工作。小乖带来了圆明园的地图，"地图的右上角就是西洋楼景区，咱们到时候就去这儿。如果从东门进的话，咱们先看到观水法、大水法、海晏堂、养雀笼、谐奇趣、黄花阵。"她认真地介绍着。恋恋带来了旗子，上面写着"丰台二幼中二班"，"我上星期已经跟妈妈提前去了圆明园，路线我熟，我当小导游，大家跟着我走准丢不了。"说到这儿，孩子们争先恐后地举起手来，芊芊说："老师，我也想当小导游！我可以介绍大水法。""那天我想说说海晏堂。"木木说。看到孩子们积极性这么高，我打算给每个孩子展示自己的机会，说："那天我给你们准备好耳麦，你们准备好自己想介绍的景点，好不好？"孩子们纷纷鼓掌。

除了有孩子们当小导游的环节，我们还设计了"黄花阵寻宝"的活动。有几个小朋友已经按捺不住对圆明园的好奇心，周末和爸爸妈妈先去了。宽宽说："那个迷宫很大，我走了很久也没找到正确的路。"黄花阵确实大，如果让孩子们在里面走，时间久了会打击他们的积极性，并且有挫败感。于是我们和孩子商量出了"黄花阵寻宝"的活动，三位老师站在迷宫中不同的位置。目的一，每碰见一位老师获得一份奖品；目的二，老师作为路引，给孩子们进行必要的提示。

活动当天，孩子们踊跃地担当小导游，介绍着自己知道的历史故事，感受着圆明园残缺的美。此项由小皓的简报引发的一系列的活动历时一个月，教师抓住契机，尊重孩子们的兴趣和想法，作为一名支持者不断地跟随给予推进，让孩子们真正成为了活动的主导者！

发现丰台之美

刘玲玲

教育从生活中来，到生活中去。寻找、发现、感受美，我们都希望孩子能有一双发现美的眼睛，善于观察、发现生活中的美。春天到了，孩子们在周末与爸爸妈妈一起，开始了亲子踏青活动，婧婷用妈妈的手机拍了很多漂亮的照片，发在"欢乐中三班"的微信群里，与大家一同分享，引起了巨大反响。这引起了我的关注，怎样通过孩子们的自发行为，引导他们关注身边的美、发现丰台的美呢？

发现身边的美

带着思考，在过渡环节孩子们整理玩具时，我将婧婷的照片放在班中的大屏上滚动播放，孩子们看到后兴奋地交流起来。

"老师，这是婧婷昨天发在微信里的照片。"

"我也看见了，我也看见了，我觉得她拍得特别漂亮！你觉得呢？"棋棋说。

"看到她的照片我都想去看看了。"锐熹说。

"你在哪儿拍的照片呀？"乐宁走到婧婷身旁问道。

"对呀，你是从哪儿拍的这么好看的照片呀？"棋棋也跟着问了起来。

这时，我走到婧婷面前对她说："你想跟大家一起分享你的照片吗？愿意为大家介绍一下吗？"孩子们用渴望的眼神看着她，她很快答应了："可以呀。"听到这句话，孩子们高兴地拍着小手，都凑到大屏前听她的讲述。

听婧婷把每张照片都讲述完后，棋棋说："我爸爸妈妈也要带我出去玩，等我也拍照片发给你们看。"这激起了全班小朋友要分享照片的想法。于是，孩子们开始了寻找美的行动。他们纷纷利用周末时间，拿起相机开始在我们周边寻找自己觉得漂亮的公园、博物馆、游乐场等美丽的景色画面。

我眼中的"美丽丰台"

孩子们用相机记录身边的美丽景象，纷纷将自己和爸爸妈妈踏青的照片发到

微信群中，他们用语音方式介绍着自己的照片。

"这是我和妈妈周末去万丰花园玩时拍的照片。"棋棋发了几张照片说。

"快来看！这是我在绿堤公园照的，你们喜欢吗？"若桐讲述着。

他们把自己的照片晒在微信群里，互相交流。

接着，婧婷又说："你知道吗？我今天拍照片的时候，发现有一个叔叔的相机特别长，像一个长长的炮筒一样，他还趴在地上拍照呢。"

"你看到他拍的照片了吗？好看吗？"千滋好奇地问。

"他就拍了一朵花，可是那朵花特别漂亮。"棋棋回答。

这时，骁骁说："我爸爸就是摄影师，我爸爸的相机也长长的，那个是相机的镜头，爸爸说长长的镜头可以拍得远，也可以拍得更清楚。"这下更激发了孩子们对用相机记录丰台美的想法。

为了激发孩子们热爱丰台，发现丰台的美，我提出问题："你们知道吗，我们的家乡丰台就是个美丽的地方，可是丰台都有哪些美丽的景色你们知道吗？"

孩子们歪着小脑袋，开始回想起爸爸妈妈带他们去过的地方。一彤说："我觉得植物园就特别美，有好多漂亮的花，特别特别美。"他的回答给了我启发。孩子们还没有区分出丰台区和其他区的景点，于是我告诉他们："植物园虽然很美，但它是在海淀区，你们想不想认识一下咱们的丰台呢？"

我用什么方式给孩子介绍，他们才能理解、认识自己的家乡——丰台呢？如果把一个丰台的分布地图给孩子们，孩子们对图画中抽象的内容理解不了，于是，我和孩子们一同上网收集有关丰台的景点。花园、游乐场、著名的建筑等等，我们把这些景点收集之后进行了分类。孩子们感叹起来："哇！原来我们的丰台有这么多好地方呀，这下我知道要到哪里去拍更漂亮的照片啦！"

他们走遍丰台的每一个角落，记录着丰台独有的魅力。这次上传的照片让我们眼前一亮，爸爸妈妈把孩子们拿着相机寻找美的瞬间记录下来和大家一起分享，有的蹲在小草旁拍摄，有的趴在草丛里等待小昆虫上镜，有的则是站在小桥上半蹲着拍整个湖面，有的特地参观了汽车博物馆、青龙湖公园，记录了自己认为美丽的画面，每一张都赢得了大家赞许的目光。

孩子们的大胆讨论，遇到问题不气馁，愿意把自己的想法分享给大家，都表现出了他们对寻找美的兴趣和热情。孩子们利用发达的现代信息技术进行美的记录并分享，通过一起外出游玩、一起观看有关丰台的节目或者介绍，了解、收集丰台独有的建筑、名胜景点来进一步地认识了解我们所处的区域，从而激发了孩子们热爱丰台的情感。

"最美丰台摄影展"落下帷幕

"丰台的美丽景色那么多，哪个是你最喜欢的呢？"我向孩子们提出问题。皓宇说："那天我在看电视的时候，看见一个人开的画展，我们能开照片展吗？""对，照片展，把照片都贴好了，我们一看就能看到了，这样就能找到喜欢的啦，好主意！""哦，我知道了你说的画展，我们的照片展也起一个好听的名字吧。"孩子们开始七嘴八舌地说："我们拍的是照片，就叫照片展吧。""不好听，咱们拍的不是只有丰台吗，那咱们叫美丽的丰台吧。""美丽的丰台照片展？""咱们的丰台最美丽，咱们叫最美丰台照片展。"忽然，澜澜大声地说道："我想起来了，咱们拍照片就是摄影，可以叫最美丰台摄影展。"孩子们开心地喊着："最美丰台摄影展，太好了，我们要开摄影展啦！"

孩子们筹备着自己的作品，他们找出自己最喜欢的几张照片，有的装饰了花边，有的让家人帮忙为作品写上了简介，有的把自己的照片洗得很大，说这样可以让参观的人看得更清楚。他们期待着摄影展的举办，希望别人能够喜欢自己的摄影作品。

美丽播报，与你共享

期盼已久的"最美丰台摄影展"终于开幕了，孩子们把我们准备好的展板抬到幼儿园的操场上，他们精神地站在自己作品旁边，期待第一位参观者的到来。一位又一位的参观者陆续加入到参观队伍中，孩子们自信地讲述自己的摄影作品。"这是我在丰台园博园拍的大门口的标志，你看……"孩子们津津有味地讲述着，参观的孩子们更是饶有兴趣地观察着我们美丽的丰台。为了让更多人知道丰台有那么多美丽的地方和漂亮的景色，孩子们决定到小区、商场向那里的人们介绍自己发现的美。孩子们兴奋地带着自己的作品，把自己也打扮得漂漂亮亮的，准备一展风采。他们在小区里面，对那里的小朋友、叔叔阿姨，还有爷爷奶奶大胆自信地讲述着。他们在商场前看到有人走过，就主动地上前问好，介绍自己拍摄的作品。

从孩子们无意识地分享图片，到有意识地发现身边的美，再到寻找家乡丰台之美，在这个过程中孩子们得到的不仅仅是对美的感受，分享的不仅仅是图片，他们心中对于家乡的认识、对于丰台的热爱也在生根发芽。

奶奶的美

郑宝军

这几天，孩子们一直都在积极准备着童话剧《小狐狸卖空气》，可是在角色分配上面却遇到了困难，孩子们谁也不愿意来演老奶奶。我问孩子们："为什么大家都不愿意来扮演老奶奶呢？"孩子们说："因为老奶奶太老了，不漂亮，所以我不想演老奶奶。"其他孩子们都纷纷表示："对，老奶奶太老了，不漂亮，我也不想演老奶奶。"

孩子们的话深深触动了我，班中大部分孩子都是由奶奶接送的，有的奶奶甚至取代了常年在外辛苦工作的父母的职责，为孩子付出的不仅是体力上的辛苦，更多的是操心，变天了要关注孩子冷暖，换季时为防止孩子生病熬水果水、蔬菜水……老人的辛苦付出却不能让孩子们体会到。于是我试着问孩子们："你们家里的奶奶和童话剧里的老奶奶有什么不一样呢？""童话剧里的老奶奶不是我的亲奶奶。""童话剧里的奶奶和我的奶奶一样也老了。""我的奶奶和童话剧里的奶奶一样也有哮喘病。"……孩子们七嘴八舌地回应我。"童话剧里的老奶奶和你们的奶奶一样也很辛苦，也照顾她家的宝宝。"我尝试着告诉孩子们，可是依然没有效果……

"既然大家都不想扮演老奶奶，那我们的童话剧怎样才能顺利排演呢？""请一位真的老奶奶来扮演吧！"刘一诺说。我说："那你们可以尝试邀请自己的奶奶来参加童话剧的排练，看看哪位小朋友能邀请到自己的奶奶。"邀请奶奶参加排练的孩子们也都遭到了拒绝，理由是奶奶们根本没有时间来参与排练，因为要买菜、洗衣服、做饭、到医院做治疗……

本以为孩子们遇到了失败、遭到拒绝应该积极来参与这个角色了，没想到依然没有小朋友愿意扮演这个角色。

孩子们的表现引起了我的反思，我想是平时我们太忽略老人了，每逢"三八"节我们都要送妈妈礼物，让孩子们体会妈妈的辛苦、感恩妈妈为我们的付出。母亲节又是开展爱妈妈的活动，妈妈的美丽、辛苦，对妈妈的爱让孩子们铭记于心。但是，对老人却没有关注。怎么办呢？开展一个"爱奶奶"的主题活动成为当务之急。

发现奶奶的美

活动初,我先和家长们谈了自己的想法,家长们也纷纷表示平时忽略对老人的关爱,把老人的付出当成理所当然,缺少感激之情。得到了家长们的支持,我们先从新闻角"寻找、发现奶奶的美"开始,请家长和孩子一起制作海报,讲述自己的奶奶的故事。

一下子,孩子发现了奶奶独特的美。月月说:"奶奶的皱纹最美,因为奶奶辛苦地把爸爸养大,又要照顾我,就这样奶奶一天天变老了。虽然奶奶老了长了皱纹,但是在我的心目中奶奶的皱纹最美。"刘一诺说:"奶奶的手最美,因为奶奶不仅为我做可口美味的饭菜,每天上幼儿园的时候都是奶奶牵着我的手,所以奶奶的手最美。""我奶奶的眼睛最美,因为妈妈经常不在家,都是奶奶照顾我,天冷了奶奶给我添加衣服,我生病了,奶奶晚上都不睡觉照顾我。有一次,我生病了,特别严重,我看到奶奶的眼睛都哭红了。我觉得我奶奶的眼睛最美。"小洁说。就这样,每个孩子都找到了自己奶奶身上最美的地方,并且说明了自己的理由。

"最美奶奶"摄影展

在孩子们的眼中奶奶的美体现在不同的地方,孩子们说:"我们的奶奶都这么美,我们给奶奶照张照片,我们选一选谁的奶奶最美好不好?"孩子们的提议很快得到了大家的响应,于是大家回家积极筹备。评选这天,大家带来的照片真的好美啊!林诺惜的奶奶穿着一件漂亮的红色唐装,还化了淡妆。惜惜说:"这是我给奶奶找的衣服,还让妈妈给奶奶化了妆,我拍的照片多漂亮呀!"朱一依说:"我上公园的时候让奶奶站在花丛里照的照片,也很漂亮啊!""我的照片也漂亮,你们看我和妈妈特意为奶奶选了一件漂亮的裙子,让奶奶穿上,奶奶笑得可开心啦!"冯子昱说。就这样展板上贴满了孩子们为奶奶精心拍的照片,孩子们一边介绍一边认真地评选"最美奶奶"。因为照片太多了,大家都不知道该选哪一个好了,于是我提议大家可以多分出一些奖项:"比如最美笑容奖、最美服装奖、最美pose奖……"陈义函打断我,陶醉地说:"看我奶奶摆的姿势,是跳广场舞的pose,多优美啊!"就这样,孩子们评选出了很多的奖项,并自豪地把奖状带回家。

我为奶奶做大餐

"奶奶为我们付出那么多,你们想为奶奶做些什么呢?"我问孩子们。孩子们

七嘴八舌地说："我为奶奶倒杯茶。""我为奶奶捶捶背。""我想给奶奶送一件礼物。"……月月说："我和妈妈商量好了,这周末为奶奶做一顿大餐,平时都是奶奶做饭,爸爸妈妈经常加班,奶奶身体不好,妈妈说也要为奶奶做一顿丰盛的大餐,让奶奶歇一歇。"听了月月的话,大家马上说："我回家也和爸爸、妈妈商量给奶奶做一顿好吃的饭菜,让奶奶歇一歇。""那奶奶都喜欢吃什么菜,你们知道吗?"我问孩子们。有的说:"知道,爱吃红烧鱼和烧茄子。""我奶奶爱吃比萨。""我奶奶爱喝蘑菇汤"……还有的说:"我不知道奶奶喜欢吃什么,我回家去观察好不好?"就这样,周末孩子们在微信群里秀出了和爸爸、妈妈一起为奶奶精心制作的美味,卢子腾和妈妈一起为奶奶烤制了老婆饼,月月和爸爸妈妈烹饪了奶奶爱吃的美味的红烧鲈鱼和红烧茄子、菠菜鸡蛋汤,陈义函和妈妈一起为奶奶精心制作了地三鲜、酸菜排骨(因为奶奶是东北人喜欢吃酸菜)……看着一盘盘精美的佳肴,孩子们为奶奶夹饭菜的照片和奶奶一脸幸福的笑容,我也由衷地感受到了孩子们的聪明智慧。孩子是发展的,我们要为孩子们主体性的发挥提供适宜的土壤,让孩子们大胆地实践与尝试,在活动中我们和孩子们共同成长。

尾声

通过一系列的活动,孩子们感受到了奶奶的辛苦,发现了奶奶的美。虽然她们的外貌有一些苍老,但这正是奶奶为家庭付出的见证,奶奶的美在于一言一行,在一粥一饭,奶奶的爱深入小朋友们的内心,奶奶的角色自然而然变成了大家都愿意扮演的角色,我们的童话剧排演顺利地进行了!

我的思考

此次活动引发了我深深地思考,孩子们以及成人对于美的评价都往往定位在外表上,而忽略内在美。契诃夫说过:"人的一切应该是美丽的:面貌、衣裳、心灵、思想。"在都市的快节奏生活里,年轻的父母忙于工作,每一个家庭都依靠老人的帮助,帮助接送孩子、帮助做家务、帮助开家长会等等,老人成了每个家庭中不可缺少的一部分。而我们也把老人的帮助当成理所应当的,从而很少教育孩子学会感恩老人,留心去观察、去发现自己爷爷、奶奶在现实生活中的美。在今后的活动中,我要引导孩子们发现生活中的美。大自然是美的,爱别人、帮助别人是美的,尊重、友爱、谦让是美的,而付出更是一种深深的爱和美。让孩子们感恩于别人的付出,并回馈以爱,让美和善的种子在孩子们的心中生根发芽。

语言

绘画在绘本教学的作用

刘玲玲

中班幼儿处于观察、想象及创造初期，喜欢用自己的方式和经验表达作品。《指南》也指出，中班幼儿能运用绘画的形式，表现自己观察到或想象到的事物。依据中班幼儿这一特点，我们把绘画这一方式引入绘本教学中，通过绘画更好地引导幼儿观察、思考和理解绘本。

绘画引领，让幼儿更细致地观察绘本

我们请幼儿选择自己喜欢的绘本，挑选出自认为有意思的一页画面画下来，并与大家交流自己的想法。幼儿为了更生动、形象地表现绘本内容，纷纷对绘本的表现形式和创作手法进行细致、全面地观察，在观察的过程中进一步阅读、理解绘本，从而更深入地了解绘本画面所要表达的内容。

例如在画《大卫不可以》时，王一一选择的是大卫取鱼缸的画面。她在讲解时说："我觉得大卫很聪明，她够不到鱼缸时还用书垫在脚下能让自己变高一点，这样她就可以把鱼缸拿下来了。"我看到她在画大卫脚下的三本书，两本书是平的摞在一起，另外一本翘了起来。我问她："你的这本书为什么斜着放呢？"她说："你看大卫的脚就踩了那本书的一边，都给踩歪了。"孩子们在创作绘本《我爱你》时，细致地发现了霸王龙的眼睛长在了一侧，三只平头龙站在了霸王龙的尾巴上，前脚掌上有两个尖尖的爪子，等等。

通过这些事例可以看出，通过绘画，孩子们会更容易发现绘本中的细节，体会到绘本中所要表达的情绪情感；而且，通过绘画，孩子们能够再现自己观察到或生活经验中的现象，为感受主人公的情绪情感奠定了基础。

绘画创作让幼儿更深入地理解绘本

《月亮的味道》讲的是一群小动物想要品尝月亮的味道,摞在一起去够月亮的故事。老师提议创作一幅画,"让其他的动物也尝一尝月亮的味道"。根据这一主题,幼儿在创作时都能将所有动物以向上排列的方式展示在画面上。由此可以看出,绘画的方式能够让幼儿更深入理解绘本,更加关注绘本的构图特点、方式等。孩子们根据画面充分想象,创作出不同的动物排列方式,了解了空间方向等特点。

在《打瞌睡的房子》这本书中,体现了一个一个的叠加情节。在绘画这一绘本时,老师提问:"为什么老鼠会在猫身上?跳蚤又在老鼠身上?"幼儿说:"因为猫睡着了,老鼠才敢在猫身上睡觉,跳蚤本身就是长在老鼠身上的。"这些话语展示了幼儿通过绘画实现了对故事内容的理解,了解了故事的发展变化。

续编故事内容,对绘本进行合理想象

用绘画的方式续编故事,是对绘本合理想象的重要方式。孩子们在欣赏绘本后,结合故事原意,根据自己的想法进行合理的故事创编。合理就要求幼儿需要进行认真地思考。在绘画《月亮的味道》时,孩子们说还可以使用其他的工具够到月亮,比如有的孩子说:"可以用一架飞机带着这些小动物飞到月亮旁边,然后一个接一个爬上去尝一尝。"有的说:"可以用一根绳子系在月亮上,小动物们一个一个爬到绳子上面去吃。"还有的说:"可以做一个长长的梯子,爬上梯子就可以尝到啦。"……孩子们根据自己的想法进行创作,不仅有效地开阔了思维,同时也是对绘本故事的又一次回顾。

艺术

影子的联想

郑宝军

我带着孩子们散步时，大家对影子产生了兴趣。"我的影子是长长的，我会用手变成一只小鸟……"孩子们开心地在操场上探索着影子的秘密。

"老师，你看我的影子像一只恐龙。"卢梓腾摆好姿势，让我看他的影子。"哇，好神奇啊！这是一只什么龙啊？"我问道。"异齿龙啊，你看这是他的头、身体和腿。"卢梓腾一边讲解，一边向我示意。"老师，你看我的影子像不像一只蝴蝶？"小小一边摆弄着她的蝙蝠衫，一边兴奋地对我说。"真的是一只展开翅膀的蝴蝶呢！好漂亮……"林诺惜一边拉着刘一诺摆动作，一边对身边的天天说："你看看我俩摆了个桃心，像不像？""今天真的好开心啊，这些影子真有意思。"孩子们高兴地谈论着。

万巨人跑到我面前说："老师能不能把我们摆的造型画下来啊？"这句话引起了我的思考。《指南》在艺术领域强调，幼儿艺术领域学习的关键在于充分创造条件和机会，在大自然和生活中萌发幼儿对美的感受和体验，丰富其想象力和创造力。孩子们不就是用一双双发现美的眼睛在大自然中发现了影子的美吗？我问大家："你们愿意把自己的影子画下来吗？""愿意！"孩子们异口同声地说。孩子们在操场上自由分组，有负责摆造型的，有负责绘画的，最后大家一起在画好的影子上进行花纹、线条等装饰，操场上传来阵阵笑声，留下了大家精彩的作品。

孩子们在游戏中快乐、自主地创作启发了我，既然大家能从影子的造型中想到恐龙、长颈鹿……何不借此开展一次"影子借形想象"的绘画活动呢？

于是，我结合班中《动物大联欢》的主题引导孩子们进行日常观察，了解自己喜欢的动物的特征，回家在爸爸、妈妈的帮助下收集相关的动物资料。

第二天，孩子们带着自己收集的动物图片自愿分成小组进行讨论。我问道："谁能把藏在影子里的小动物找出来？"大家都迫不及待地想尝试。我们来到操场上，孩子们两三人自愿结成一组，拿着自己收集的动物图片摆造型，又通过影子进行对比观察。"你的手再伸高一点。""你要坚持住啊！"大家你一言我一

语，影子画出来之后，开始讨论添加上哪些就可以变成自己喜欢的动物了。

"你看在这里添上耳朵是不是就变成长颈鹿了？我们一起再给它画上花纹就更漂亮了。"马艺林对身边的罗小妞和奔奔说。"我再画上两条腿就变成一只站着的斑马啦，你们快把斑马的花纹画出来好不好？"另一组发现了藏在影子里的斑马。就这样，可爱的熊猫、漂亮的斑马、美丽的蝴蝶、高大的长颈鹿……都在孩子们的影子里被找到了。

中班幼儿已具备一定的想象力，喜欢欣赏色彩鲜明的美术作品。如何将幼儿的兴趣与教育目标更好地结合，提升幼儿对美的感受与创造呢？我联想到了马蒂斯的剪纸《舞者》，它和影子有相同之处，不同的是它把一切实体和立体的东西都抽象地融进了色彩层面，形成鲜明的对照组合：红色对绿色、蓝色对橙色、黄色对紫色。与其说是剪纸，不如说是另一种手段的绘画。

于是我开展了马蒂斯剪纸作品欣赏，从最具代表性的《游泳者》开始欣赏，感受简单的四肢和身体的线条剪纸，然后又欣赏了《舞者》《小丑》《投掷者》，幼儿看到这些对比色都惊呆了。

我借机引导他们观察、找出颜色朋友，孩子们感受到了红与绿、紫与黄、橙与蓝鲜明的色彩对比，迫不及待地拿出彩纸想要尝试剪纸。怎么剪呢？孩子们拿着这些纸不知该怎样去剪。我问道："你们仔细看看马蒂斯的作品，是用一张纸剪的吗？"小小说："我知道了，马蒂斯的剪纸是用了很多颜色拼贴上去的，我们也可以把这些彩纸线拼在一起，画出轮廓，再剪出来，这样就可以像这幅作品一样了。""那你们可以尝试一下。"就这样，大家开始将三种色彩的纸进行拼贴，然后绘画轮廓，最后沿轮廓线剪下，将不同的色彩拼贴到一张背景纸上。小小给自己的作品命题为《运动》，一诺的作品叫《跳》，马梓豪的作品叫《快乐》。

这些作品确实有着艺术大师的味道，看着自己的作品孩子们高兴极了。更重要的是孩子们在活动中充分自由地参与，也激发了对美的事物产生美的体验。我们举办了"剪纸作品展览"，一方面孩子们可以欣赏民间艺术，感受中国的剪纸文化；另一方面能感受成功带给自己的快乐。

这次剪纸活动使我感悟到要改变传统的、单一的、灌输的、填鸭式的教学模式，确立幼儿的主体地位。中班是幼儿想象力与创造力初步发展的关键期，幼儿喜欢用绘画、手工制作等方式表现自己观察或想象到的事物。因此，要鼓励幼儿学会观察的方法，从整体到局部、从里到外，善于发现生活中的美，从而更好地感受与体验美；同时也要循序渐进，依据幼儿的年龄特点与目标，从直线剪到曲线剪，从剪外轮廓到逐步掌握镂空剪的方法。

舞出精彩，舞出快乐

马 涛

幼儿舞蹈是学前教育中一个不可缺少的组成部分，它对幼儿身心的健康、情操的陶冶和智力的开发，都有着重要的作用。在幼儿舞蹈课和舞蹈特色班教育中，运用多种方法培养幼儿舞蹈的表现力，收到了良好的效果。

我们班的孩子喜欢舞蹈，不论是在幼儿园、家里还是外面，只要一听到音乐，孩子们就喜欢随着音乐翩翩起舞。优美的音乐激发着孩子们的创造力，让他们和音乐融为一体。在这个过程中，孩子们得到了极大的满足感，是快乐的，也是享受的，感受了成功，提高了自信心，表现力也得到大大增强。

《幼儿园教育指导纲要〈试行〉》指出："幼儿园应为幼儿提供健康、丰富的生活和活动环境，满足他们多方面发展的需要，使他们在快乐的童年生活中获得有益于身心发展的经验。"我们班是舞蹈特色班，我们创设了一个闪亮舞台的区域，小朋友们都特别喜欢在那里听着音乐，换上自己喜欢的衣服唱歌跳舞，大胆表现自己。很多幼儿在这里体验过舞台表演的经历，得到过掌声、鼓励以及认可，因此孩子们更愿意去表演区表演了，想要表现自己的那种欲望更加强烈。现在请跟着我一起去看看吧！

快乐的表演区

表演区是我们班孩子最喜欢的地方，在那里孩子们可以展示自己优美的舞姿。孩子们到了表演区就会直接奔到服装区，挑选到自己喜欢的服装，接着孩子们就会一起商量今天的节目单。来表演区的女孩子居多，舞蹈节目也比较多。只见金玥小朋友熟练地打开电脑说："你们想跳哪个舞蹈，我给你们放。"淼淇说："我要跳蜡笔小新。"说着金玥就拿着鼠标找，找到后将音乐点开，就和她们一起跳了起来。在跳的过程中，她们自己商量节目的顺序，自己选择节目。就因为都是平时孩子喜欢的，所以，孩子们非常开心快乐。

区域活动要能给幼儿提供更多的活动机会，能使幼儿在轻松、愉快、自愿的状态下游戏。表演区是以自娱自乐为主要目的的活动，它不受外在限制和人为的控制，能够充分表现自己。孩子们在这个过程中，自己选择音乐，自己放音乐，自己选择自己喜欢的舞蹈，正是这样自由的环境，让幼儿开心自主地游戏。

在表演区中，快乐自主地创编舞蹈

孩子们在表演区中，都把自己的舞蹈展现得淋漓尽致。今天，当森森说还要跳蜡笔小新的时候，金玥说："能不能换一个呀，这个我们跳过好多遍了。"森森说："可是我不会呀。"看到郁闷的森森，我走了过去说："森森怎么不高兴了呀？"森森和我说的时候，其他小朋友也在一旁听着。我问孩子们："森森的问题，其他小朋友有没有呢？"孩子们都点点头，表示赞同。我说："那你们可不可以创编新的舞蹈呢？"孩子们摇摇头说："我们不会。"我又和孩子们说："那这样，马老师来给你们跳一段我们编的舞蹈，你们看看好不好，仔细看看，是不是能够发现什么？"我重新选择了一个动感的曲子，跳了一小段。孩子们看到忙给我鼓掌。我问孩子们："我跳的舞蹈中用的是什么动作呢？你们有没有发现？"森森说："开头的动作是我的舞蹈里面的。"金玥说："第二个是我的动作。"……慢慢地，孩子们明白了。森森说："我知道怎样编新的舞蹈了，就是可以把新的动作组合，太棒了！"说着，森森就召集小朋友开始创编了。她们重新挑选音乐，她们一起商量，用每个人一个动作……没一会儿，新的舞蹈就创编好了。她们高兴地来叫我，让我欣赏，我看后，忍不住给他们鼓掌。孩子们的信心更足了，编舞的兴趣也就更高了。

教师要能关注到孩子们，当孩子们出现问题、解决不了的时候，教师要及时给予帮助，让幼儿重获自信。教师的一段小舞蹈，让孩子们找到了如何创编新舞蹈的方法，并且让幼儿自己去尝试创编新舞蹈，增强了自信。

我是表演区里的小老师

热闹的表演区，吸引了很多的小朋友。那里可以让不自信的孩子自信起来，那里可以让从不跳舞的小朋友动起来，那里可以让从不展示自己的小朋友勇于表现自己。

而这些没有自信、不跳舞的小朋友，是如何大胆起来的呢？不是老师做到的，而是小朋友间的相互学习，相互帮助。让我们来看看他们是如何互相帮助的呢？

孩子们的语言是微妙的，一个动作不会了，老师教孩子学得就很慢。可是孩子间就不一样了。每天在表演区里，都会有这样的小老师，每天都会把自己很有特色的动作教给想学的小朋友。小老师的一句话，一个动作，其他幼儿都领会得很快。今天是金玥当小老师，她看到了蜜蜜不会跳，就用小手拉着蜜蜜的手，一边说着，一边带着蜜蜜做动作。不一会儿，蜜蜜就会跳了。这里的小老师可是真棒呀。就这样，越来越多的小老师在那里展现自己。慢慢地，不爱跳、不爱表现自己的小朋友都变得大胆起来，都成了小老师。

幼儿在自由轻松的氛围中，享受着音乐的美、动作的美，感受着舞蹈的愉快，表现着内心的喜悦，自主性得以发挥，变得更加大胆自信。

舞出精彩，舞出快乐，让童心在舞蹈的世界里尽情飞扬。

健康

地球招聘清洁工
——对抗雾霾环保教育活动

左晶伟

环境污染已经引起全世界的关注，各种各样的废弃垃圾随处可见，不仅造成浪费，而且污染环境。工厂废气排放、汽车尾气等带来的雾霾天气给人们的出行及健康造成了重大的影响。雾霾天气的频繁出现引发了班中孩子们的高度关注。雾霾天我们只能带孩子们进行"室内体育活动"，所以孩子们急切期盼着真正的户外活动，在蓝天白云陪伴下快乐游戏几乎成为了孩子们的梦想。由此引发了孩子们保护地球、和雾霾说再见的环保行动。

地球妈妈变脏了

人们对严重的污染到底有什么反应？看着幼儿园里的树叶上落满了厚厚的灰尘，墨墨自言自语道："树上的叶子都有点像灰色的了，因为上面的土太多了！我还是喜欢干净的绿色！""在我去姥姥家的路上，我看见过好多好多的垃圾，都堆在一起，垃圾下面的水特别臭，特别脏！"是啊，地球都变脏了，可怎么办呢？"我们可以保护地球，不让她变脏……"为此，孩子们去搜集和查找以前的城市、森林、河流与现在的有什么不同。通过和家长一起搜集图片、资料，在对比观察的基础上，孩子们充分了解到地球和环境变脏变差是一个渐进的过程。被破坏了的环境非常可怕，危害我们的健康，从而激发孩子们保护环境的强烈愿望。爱护环境、保护环境、美化环境的愿望在孩子们心中开始扎根，孩子们已经了解到人们的生活环境与自然的密切关系。

汽车尾气到底有多厉害

"老师，我知道保护环境的好办法！就是少开一天车，或者不开车，减少尾气排放，就可以让我们的天空更蓝！是爸爸告诉我的。"在家长们的带动下，孩子们知道了北京施行的环保行动就是少开一天车，减少尾气的排放。到底尾气会给环境带来怎样的影响呢？孩子们又提出了新的问题。于是带着问题，孩子们自愿结成小组一起寻找答案。经过查找，孩子们了解到汽车尾气是造成环境污染的主要因素之一。尾气中含有大量对人身体有害的气体和固体颗粒，导致人们得好多种病。孩子们带来了大量的图片及文字信息，他们将自己带来的信息张贴在班中的展示栏中，积极、热情地向大家介绍尾气给人们生活带来的危害。讲述过程中孩子们眉飞色舞，神采奕奕。为此，孩子们能够每天坚持步行上幼儿园，或者坐公交车、地铁出行。他们会要求自己的爸爸、妈妈不开车。每一辆汽车排放的尾气，孩子们亲眼所见，但是孩子们眼中看到的只是灰色的，抑或黑乎乎的气体。当孩子们看着这一团团的气体在空气中慢慢散开时，他们会说："这些有害气体全部都跑到我们呼吸的空气中，我们快快捂住嘴巴！因为他们会伤害到我们！"

通过了解尾气知识并结合生活中的经验，孩子们了解到尾气排放过多，会导致空气污染指数上升！天空会变成灰色，空气中会布满粉尘，会给我们出行及户外活动带来不便。因此，孩子们在行动，从出行少开私家车做起。

雾霾究竟是什么

每到雾霾天，孩子们总是会在家长们的劝说下戴上口罩外出。但是，戴口罩背后的原因到底是什么？对于孩子们来说，他们不知道为什么会有雾霾，雾霾到底是什么东西，如果不防范会怎样。"雾霾对人身体不好。"甜甜说。"如果不戴口罩会咳嗽，嗓子不舒服。"木木说。"虽然我们看不到霾，但是它也是存在的！就在空气中。我妈妈带我捉过空气，空气就是看不见、摸不着的。"米果说。"捉空气？怎么捉？看不见、摸不着怎么捉？"张可儿满脸疑惑地问。带着可儿

的疑惑，在米果的带领下，我们带着塑料袋来到了操场。孩子们高高举起手中的袋子，马上封好口，然后轻轻地打开。"的确是看不见、摸不着！"乐乐说。孩子们通过捉空气了解到，空气是无色无味的透明的气体。但是当雾霾天来临的时候，空气就会发生变化。究竟会发生怎样的变化呢？空气中会出现什么呢？康康在爸爸的帮助下，搜集到了视频，带到了班中与小朋友们分享。

通过家长们的支持与配合，以及孩子们的"捉空气"活动，孩子们了解到雾霾天空气当中一些有害物会增多，危害人体健康。这就大大激发了孩子们保护环境、保护自然的愿望。

"地球招聘清洁工"

孩子们发现，我们生活当中处处可见为我们搞卫生的人，他们在为环境清洁做着自己的贡献。"地球妈妈应该有更多搞卫生的人来帮助她。"马若函说。"那我们到哪里找那么多的清洁工呢？"牛牛问。"我们应该发个倡议书——地球妈妈招聘清洁工，让更多的人们都来参加。"于是孩子们开始讨论怎样才能保护地球："我们是小孩儿，我们能做什么？""我们可以不扔垃圾，去商场自己带袋子，坐公交车出去玩……"保护环境成了孩子们茶余饭后最喜欢谈论的话题。时间过去一周了，可可带来了一张小报，引发了班中孩子们的好奇心。小报图文并茂，清清楚楚地记录了可可的环保行动：购物自备购物袋；外出就餐自己带筷子，减少一次性餐具的使用；看到垃圾捡起来扔到垃圾桶。还有她画的美好的地球等美丽的图画。她说："因为我要应聘地球清洁工，我是这样做的。"于是，孩子们开始自发设计自己的应聘计划及环保小报。孩子们纷纷将自己的环保行动记录下来，带到班中，向大家讲解，都希望自己能够为环保出力。

就像环保小报中体现的那样，孩子们努力从生活的小事做起。比如，外出自备购物袋、自备餐具、在家中注意节约用水、用电；出行选择公共交通，春天到来孩子们一起去植树、做绿化。小小的"招聘清洁工"带动了环保行动的开展。

我是环保小使者

孩子们纷纷带来了自己的"应聘单"，在班中讲述得热火朝天，大胆自信地介绍着自己的行动。孩子们按捺不住自己心中的喜悦，餐前活动环节，孩子们拿着自己的小报给大二班的小朋友讲，后来分成小组到全园的中小班讲。他们希望得到小朋友的认可，希望自己的环保行动能够得到大家的认同，希望小朋友们都能像他们这样做，保护好环境，减少雾霾。在晚离园的环节，孩子们拿着自己的小报，向家长们发起倡议，号召大家像他们一样做地球的清洁工，做环保卫士。孩子们的点滴行动带动了全园的小朋友及家长。不同方式、不同地点的讲述，大大增强了孩子们的语言表达能力。在讲述过程中，孩子们能够连贯、有序、清楚地讲述自己的一切环保行动，并且能够准确地运用形容词。同时，孩子们的自信心也有了明显的增强。

通过活动的开展，孩子们增强了环保意识，能够真正做到节约用水、电、纸张，合理进行垃圾的分类，不乱丢垃圾，外出自带餐具、购物袋，少用一次性产品，尽量使用公共交通方式出行。孩子们的表达能力在活动中得到了充分的锻炼。一个小小的活动，对孩子们来说是受益匪浅的。作为老师的我们，应该在生活当中充分调动孩子们自主参与活动的积极性，支持孩子们的自发活动，让孩子们在亲身参与与体验中获得成长；为孩子们创造更多的接触大自然、亲近大自然的机会，使孩子们了解大自然及大自然与人类的关系，了解环境对我们人类生活的重要，从而使孩子们珍惜环境、爱护自然。

品味自主、乐享美食

王 琳

中午时分,食堂里飘出一阵阵饭菜的香味。孩子们三个一群两个一伙儿,纷纷说:"好香啊!""我猜是吃肉卷。""我猜是吃红烧肉。"……"老师我也会做菜,我还给妈妈做呢。""这么能干,你都会做什么呢?""我会择菜、洗菜,我还会做西红柿炒鸡蛋。""我们想跟食堂的阿姨一起做美食。"孩子们跃动的味蕾,激发了对美食的想象与创作,由此,我的美食我做主之"品味自主,乐享美食"的自助餐活动应运而生。

在活动中教师放开手,给幼儿自由、自主、自然的成长发展空间是我们一直秉承的教育理念。在自助餐活动中,顺应孩子的需求,让幼儿按照自己的意愿进行活动,教师做到"放""导"结合,让孩子们充分体现了"自主"。

自主创意阶段

孩子们得知要开自助餐活动时欢呼雀跃。活动前夕,小朋友展开了"我能做什么菜"的讨论。大班的小朋友觉得应该让弟弟妹妹也参与进来,于是大班孩子的兴趣演变成了全园的活动。

孩子们讨论自己能做什么呢?"我能做沙拉。""我能烤饼干。""我们还可以择菜。""我们还能做蔬菜串。""开一个串吧!""对!对!跟麻辣烫似的。""我们还能做饮料"……"弟弟妹妹做什么呢?""我们还是让小班的弟弟妹妹择菜吧。"小朋友讨论后决定,让小班小朋友择菜、中班小朋友烤制饼干、大班小朋友做蔬菜串和创意水果串。孩子们创意的潜能被激发,参与活动的积极性被大大调动了起来。

自主制作阶段

自助餐从准备到结束,小朋友们全程参与:小班小朋友三五成群,围着菜盆、菜筐一边择菜一边交谈:"78,79,80……100,噢,我掰了100块青椒啦!"

另一组小朋友正将莴笋叶一片一片掰下。不一会儿，一大盆莴笋就择好了，一阵阵欢呼声从小班传来。小班的孩子们开心地为自助餐做着力所能及的事。中班小朋友一起动手，发挥创意，为全园小朋友烤制了香喷喷的饼干。孩子们分工明确，有的擀面皮，有的用模具印，有的进行饼干上的装饰。大班小朋友洗、择、切、削、穿，各负其责。制作过程中，软的水果穿在最下面总是往下滑，但这点小困难丝毫没有难住聪明的孩子们，几番尝试就解决了。精美的蔬菜串、水果创意串凝结着他们的智慧闪亮登场。孩子们将自己的劳动成果送回食堂时，那一份自豪与喜悦溢于言表。

自主品尝阶段

午餐时间到了，小朋友们终于可以品尝自己参与制作的自助餐啦！看着眼前丰盛的食物，小朋友们虽然欣喜，但却自主有序，安静地排队取餐盘、餐具及食物，夹子不混用、喜欢吃的食物不贪多，合理搭配饮食。小朋友还互相帮助，帮好朋友夹菜。整个进餐过程中孩子们都能够做到盘中食物不浪费，文明进餐的礼仪在孩子们心中牢牢扎根。

自主整理阶段

在舒缓、优美的音乐伴随下，孩子们用餐完毕。餐后孩子们把自己用餐的地方整理干净，餐盘、餐具放到指定地点，垃圾倒入垃圾桶内，小椅子放进桌子下，带着一脸喜悦、满足的笑容回到自己班。

自助餐营养全面、丰富多彩的各色美食，给孩子们视觉、嗅觉和味觉的全面享受，更让孩子们通过自助餐活动，学会了等待、谦让，增进了交流，也养成了文明用餐的行为习惯。自助餐活动中幼儿自主挑选、品尝美味食物，成为了活动的主人，还锻炼了自我服务的能力和独立性，促进了交往能力的发展。

"让儿童按照自己的内在节律起舞"是丰台二幼倡导的理念，给孩子创造自由、自主、自然成长的环境，让孩子们的学习回归于生活本身，在生活中感悟生活、创造生活，实现真生活、真教育、真发展是丰台二幼的课程理念。"品味自主、乐享美食"自助餐活动，孩子们自己清洗加工食材、自主参与食物制作、自由选择喜欢的食物品尝、自己收拾整理餐具，在参与、体验的过程中，孩子们享受到品尝美食带来的快乐，更品味到自主带来的喜悦和满足。

科学

和自然角的小苗一起成长

陈文娟

《指南》指出："幼儿的学习是以直接经验为基础，在游戏和日常生活中进行的。"日常生活中蕴藏着丰富的教育资源。我们在自然角创设出供幼儿种植的种植园地，通过丰富的活动让幼儿直接感知、实际操作、亲身体验植物种植和生长的全过程。随着自然角里植物的生长，幼儿在种植和照顾小苗的过程中，更加了解植物，更加热爱自然，在伴随小苗生长的过程中一起成长。

我的种植计划我做主

春天到了，万物复苏，又到了种植的好时节。为了能让孩子们亲自参与种植活动全过程，我和孩子们就自然角里可以种什么展开了讨论。孩子们各抒己见，有的想种花，因为花很漂亮；有的愿意种绿叶菜，因为吃绿叶菜很健康；有的想种西红柿和黄瓜，因为可以结果实；还有的想种辣椒，因为既能吃，又好看……孩子们讨论得热火朝天，希望能马上实现自己的种植愿望。这时我拿出准备好的各种花卉、蔬果种子，孩子们立刻欢呼起来，根据自己的种植计划，或两人结伴，或三五成群，快乐地来到阳台开始了自己的种植。

花盆上的名片卡

种上了种子，新的问题出现了：这么多一样的花盆，怎样区分呢？我把问题抛给了孩子们。有的孩子们说："数一数自己的花盆排第几就行了。"大家想了想说："不行，如果谁不小心移动了花盆，但我们不知道，这样就乱了。"有的说："可以做标记，咱们都会写名字，可以写上名字贴在花盆上啊！"这个提议得到了大家的认同。于是大家开始设计自己的名片卡，有的画上漂亮的图案，有的画上自己种植的植物，每一个人都非常认真。看到孩子们专注的神情，我想这不正是源于他们对自己亲手种下的种子的期望吗？爱和责任正在孩子们心中萌芽。

为什么我的种子还不发芽

种子种下以后，孩子们每天都会去阳台好几次，天天盼着自己的种子快快发芽。三天过后，终于有的种子发芽了。一天，我和小朋友们来到阳台上观察。栾培文问我："老师，为什么别的小朋友种的种子发芽了，我的种子还没有发芽？"有的小朋友也说："我的也没发芽。"有人猜测："可能是阳光吧，你的花盆是不是晒不到太阳？""不是，你看，我的花盆左边和右边的种子都发芽了，肯定不是阳光的问题。""那你是没浇水吗？""我每天都给种子浇水啊。""那我也不知道是怎么回事了，还是问问老师吧。"

我对孩子们表现出的求知欲提出了表扬："你们能够想到阳光、水分和种子发芽之间的关系，老师很高兴。你们可以自己去寻找答案，老师可以给你们一些小提示，也可以问问已经发芽的小朋友种的是什么，再想想自己种的是什么，然后找出答案。"

第二天，栾培文和几个小朋友一早就来告诉我："老师，我们知道为什么种子还没发芽了。"我说："这样吧，早餐后把你们的发现和小朋友一起分享吧。"

通过栾培文等几个小朋友的分享，孩子们知道了植物也有自己的特性，它们发芽的温度不一样；发芽所需的时间也不一样，有的种子发芽时间长，有的发芽时间短，对发芽时间长的种子我们要学会慢慢等待。

植物种植提示牌

经过耐心等待，两周以后所有种子都发芽了，孩子们别提多开心了，更加精心地照顾小苗。一天早上，硕硕非常着急地跑来告诉我："老师，我的小菜苗为什么蔫儿了？"周围的小朋友一听，都围到阳台上想看个究竟。大家七嘴八舌地议论起来："是不是没浇水呀？""我早上才浇过水。""要不然就是水浇多了，淹死了。""我还是和平常一样浇水的呀。"原来，阳台朝东，早上的太阳恰好照到这些小菜苗上。我对孩子们说："因为你早上浇水了，太阳这时升起，土壤吸收了太阳的热能，把水分变成了水蒸气，从而非常热，小菜苗会受不了的。因此我们不能在阳光正暴晒的时候给植物浇水，赶紧把菜苗移到阴凉的地方吧。"

孩子们一听，早上浇过水的小朋友赶紧移动自己的菜苗。等大家忙完，我告诉孩子们："其实除了不能在太阳暴晒的时候给植物浇水，要照顾好植物还需了解它们的习性，有的植物喜光，有的植物喜阴，有的喜湿，有的喜干……"听完我的话，孩子们纷纷问我："老师，那我的菜苗喜欢什么呀？"我对他们说："这就需要你们自己去找答案了。"

第二天，孩子们把找到的关于自己种植的菜苗的习性通过绘画方式记录下来，互相分享着自己的发现。为了方便交流，我们一起制作了植物种植提示板，把植物的喜好贴在提示板上，孩子们根据提示板来照顾自己的菜苗。

随着菜苗的长大，孩子们学会了责任、承担，更学会了观察、发现问题，寻找解决问题的方法。他们一天天地成长，变得更加独立，我为他们的成长感到高兴。

奔跑吧，小宝贝
——在生活中运用数学

李 晴

一天，班里三个孩子的对话引起了我的注意。月月说："我家是102号。"康康说："我家也是102号。"可儿问："那你们俩不是住在同一个家里吗？"这段对话引起了我的思考。虽然幼儿已经学习了序数，在"给小动物找家"的序数活动中，通过找家的游戏，幼儿已经了解了序数的实际意义，但由于幼儿对数学概念的理解还比较零散，不会真正地理解、运用。《3—6岁儿童学习与发展指南》强调幼儿的学习应该生活化，注重亲身体验。为了能让幼儿将学到的内容运用到生活中，我们开展了"去小朋友家做客"的系列活动，让幼儿在生活中学习数学，引导幼儿运用数学解决生活中的问题。

小朋友的家在哪里

当孩子们得知要到小朋友家做客这一消息后非常兴奋，互相邀约自己的好朋友。我接过大家的话题："太好了，我也要加入，可是我们怎样才能找到小朋友的家呀？"大家一听，立刻讨论起来。有的说："可以给他打电话，让他家人来幼儿园接我们。""不行，不行，爸爸妈妈都上班，家里的人还得看家呢。""要不用手机导航？""也不行，我们没有手机。"王悦瑄想到了一个好办法："可以看地图呀，我们去公园的时候不就是看地图到目的地集合的吗？"这个想法得到了大家的认可，但又提出了新的问题："没有去小朋友家的地图呀？""我们可以自己画。"最后，大家决定用自己最擅长的方式——手绘从幼儿园到自己家的地图。

为了让孩子们能在生活中很好地掌握序数，我提出了新的要求："能不能把地图画成从幼儿园大门口出发，在第几个路口左转，然后在第几个红绿灯路口处左转，在第几棵大树旁……这种方式！"话音刚落，有的孩子说："哦，我知道了，这样不论认不认识字，只要会数数就能找到目的地。"其他孩子也都表示赞同。我把此次活动的意义和孩子们的想法通过微信告诉了家长，家长也非常支持

这一活动，表示将尽力协助。

星期一，孩子们很早就来到幼儿园，举着自己精心绘制的地图迫不及待地与大家交流。有的小朋友为了方便大家认路，把周边的标志性建筑物拍下来贴在自己的地图上。孩子们指着地图互相介绍去自己家的路线。王牛牛迫不及待地与大家分享："这是去我家的地图：从幼儿园出发往右走，第一个路口右转，走走走；第二个路口左转，走走走；过了第五个路口，看见保利欣苑小区就是我家了，好找吧，欢迎到我家做客。"通过聆听，孩子们巩固了看地图的方法。

"我们知道每个小朋友的家在哪里了，可是这么多小朋友的家，要去谁家呀？"大家开始讨论。谢卓成说："去我家吧，我家有点远，得坐公交车。"彩佳硕说："去我家吧，我家就在隔壁。"意贝说："去我家吧，我家不近也不远。"大家开始七嘴八舌地讨论："太远了不行，我们走不到。""太近了也不好，没走两步就到了，一点意思也没有。"最终，大家选择了去六名小朋友的家。大家自愿结组，开始分头为一周后的做客做准备。

做客前需要准备什么

一天，圆圆跑过来说："李老师，我们要去小朋友家做客，但大家对做客要准备什么东西总是意见不统一，怎么办呀？""对呀，你们想想要准备什么。"于是大家自由组合分成了三组，讨论所需物品和注意事项，有的组讨论要准备一封表扬信、代表团结的丝带、每个小朋友画的祝福卡片，还有的组要准备做客必不可少的鞋套，每组组长背一个书包，每组要想出一个接头暗号，还要表演节目。商量好了，大家分头去准备，最后还推选出了小组长。

出发了

终于出发了，孩子们非常兴奋。每组组长背着小书包，拿着地图带领自己的队伍出发了！孩子们一起看地图，谢卓成说："咱们要先看地图找到望园路，才能找到意贝家。"秦瑞仪说："第一个路口右转，可是望园路在哪里呀？我不认识字。"走到一半时王悦瑄说："我们走反了，望园路应该是那边，前边是西四环，不是往望园路去的方向。"听到这个消息，大家哈哈大笑，随着王悦瑄指引的路返回到望园路，原来真是看错地图了。看见红绿灯时大家都说："是红灯不要走，会发生危险的。"过红绿灯时，大家都知道看指示灯、走人行横道，没有一个小朋友闯红灯。

当然，也有找错门的。吕博涵说："快看，到吴钰欣的小区了，他们小区可真大呀，哪个是他们家呀？地图上写的是他家住在24号楼1001。"有的孩子说："那就是24号楼10层的第一个门。""我们快去吧。"大家迫不及待地乘着电梯上了楼，终于找到1001了。孩子们轻轻地敲门但没人答应，大家很着急，难道吴钰欣不在家？这时有细心的小朋友说："哦，我们找错了，应该是101吧，我们多找了一个'0'。"大家发现的确是看错门牌号了，把"101"当成了"1001"了，赶紧坐电梯下楼去找"101"，大家敲门一听是吴钰欣的声音，终于松了口气，可算找到了。

邓景行这一组的小伙伴们在途中发现地图信息不明确，于是邓景行跑到一位老爷爷身旁有礼貌地问："老爷爷，您能告诉我们小井润园海军大院是哪个楼吗？"老爷爷很耐心地给孩子们指路，最后大家按照地图上写的楼号找到了小朋友的家。

小主人在家也等不及了，王然冉通过猫眼一遍一遍地看客人来没来。我们与家长进行了活动过程的微信实时播报，让全班家长都能看到活动进展。微信群里家长比孩子还兴奋，称我们是现实版的"跑男"。

到了目的地，家长和小主人都非常热情，准备了水果、零食招待我们，小主人把自己喜欢的玩具毫不吝啬地拿出来分享，还有的为客人表演了魔术。

我们也精心准备了礼物，小朋友们带来了对主人的祝福贺卡，老师也精心准备了表扬信。大家提议要把在幼儿园学的歌曲《我爱我的家》表演一下，家长看了孩子们的表演感动得热泪盈眶。

分析与思考

《指南》中指出："幼儿的学习是以直接经验为基础，在游戏和日常生活中进行的。要珍视游戏和生活的独特价值，最大限度地支持和满足幼儿通过直接感知、实际操作和亲身体验获取经验的需要。"幼儿能发现生活中的许多问题都可以用数学来解决，体验解决问题的乐趣。

幼儿通过活动深刻体会到数可以代表不同的意义，同时对序数有了深刻的理解。活动锻炼了幼儿多方面能力，如小组长的组织引领能力，当出现分歧时组长能带领组员寻找正确的方法；幼儿的空间方位感、逻辑思维能力、解决问题的能力、团队意识，在活动中分工合作，遇到不能解决的问题能积极主动地寻求路人帮助。

这不仅仅是一次数学活动，更是一次很好的社会实践活动。

小种子快发芽

左晶伟

阳春三月，是万物生长的季节。新学期即将开始。一天，小祯趴在自然角的地上大叫："小辣椒长出来啦！"大家都被吸引了过来。"真的是太小了！好可爱啊！""小辣椒真的能长出来啊？""我可不喜欢吃辣椒，太辣了。如果能种点我们能吃的该多好啊！"大家你一言我一语地说着。这些想法深深触动了我："当然可以啦！你们喜欢吃什么？""老师，是不是喜欢吃的东西都可以种？""对！"就这样，自然角的种植活动开始了。

大蒜风波

种植过程中孩子们兴奋不已，"我想种西瓜、苹果、草莓……"很多种声音一直在我耳边响起。最终大家种下了自己想要的种子，期待着它们发芽。看到种子发芽了，大家特别高兴，每天早上进班后就去自然角看一看，然后邀请同伴来看一看自己种的植物的变化。

晶晶说："快看，我种的两种植物都发芽了！""你种了什么？"我问。"蒜和花生。""你们快看，我的大蒜苗都长这么长了！你们说，这个大蒜头的皮要不要剥掉？"小朋友愣了一下，有的说要，有的说不要。晶晶自信地笑了："应该不剥掉。""为什么呢？"我问。"能保护大蒜吧。""这样大蒜才有力量吧。"小朋友纷纷猜测。"有没有不同意见？"我问道。我知道班里种植大蒜的小朋友比较多，有部分小朋友的大蒜是剥掉皮的。果然，乐乐站了起来："我的皮是剥掉的，我的大蒜也长出来了。"接着，她还把她的大蒜拿出来验证，结果证实她说得没错。

这下孩子们明白了，大蒜能否长出来和是否剥皮没有关系。我说："种植的时候头应该朝上还是朝下呢？"大家异口同声地说："朝上。""为什么？""朝上大蒜才可以发芽呀！"晶晶指着自己种的花生问："你们猜一猜花生是怎么种的，种在哪里？"这个问题不是太简单了吗？一看就知道是种在沙土里呀！我

很疑惑。他哈哈笑着说:"是先泡在水里,过了一天再加上沙土的。""为什么要这样做呢?"我问。小朋友也一脸疑惑。晶晶说:"我也不知道,妈妈教我这样种的。"我说:"第一天泡在水里是让种子有充足的水分,这样发芽就更快了。"

就这样,老师没有对孩子们有过多的要求,只为孩子们提供了器皿,对选择什么种子、在什么环境下种植、怎样种植都没有规定,让孩子们自己去尝试、比较、总结经验,了解种子发芽的条件。

探索中寻求答案

我问大家:"在种子发芽的过程中,还有什么问题需要老师帮忙吗?"格格说:"我种的西瓜,我天天给它浇水,为什么它还不发芽?""为什么天天浇水,反而没有发芽?""我知道,是因为水浇得太多了,种子都被淹死了!所以就不会发芽了,不能给植物浇太多的水。"有的植物是喜水的,需要天天浇水;有些植物不喜水,像西瓜每2—3天浇一次水就可以。而且每次浇水数量不能太多,水不要溢出容器就可以了。经过共同讨论,我们都了解了种植西瓜的注意事项。之前老师没有强调种子的选择和播种的条件,孩子们用自己已有的经验去种植和管理,结果有的成功,有的失败了。失败的孩子们有的放弃了,有的进行了思考。对于孩子们的疑问,老师又抛给了孩子们,采用集体讨论的方式让大家得出正确的答案。

答疑时间交给孩子们

"我也有个问题,我天天来看种子,没发现有变化,可是今天早上来幼儿园发现种子突然就长出叶子来了,是不是白天不长,晚上才长啊?"冠泽疑惑地问。"因为种子生长速度比较慢,肉眼是发现不了的。就像我们小朋友一样,你有没有发现现在自己在长高呢?""没有。""可是,小朋友和去年比一比,有没有长高?""长高了。"大家都肯定地说。"现在明白了吗?"大家都笑了,使劲点点头。

"大家有没有什么新的发现?"我换了一个话题。"我发现所有的种子里,种在泥土里的种子芽发得好,长得高,种在水里的种子长得慢。"洋洋是个爱观察的孩子,他发现了这个很明显的差异。我问:"这是什么原因呢?""因为泥土能很好地储存水分,种子在泥土里有充足的水分;泥土还有渗透的作用,让水

分渗透到下面，这样不至于太湿，有利于种子的生长。如果没有泥土，水分很难掌握，多了会淹死，少了会干死。另外，泥土能保持一定的温度，使种子有良好的生长环境。"这些都是我和妈妈一起在网上查到的。

收获的喜悦

孩子们对于自己种植的东西照顾得越来越细致，每天的空闲时间里总会到自然角看看自己小组种的植物怎么样了，根据情况浇水、锄草，认真做着记录。一天，唐祉涵跑过来说："老师，我们种的香菜长到15厘米了！跟妈妈买的香菜一样高。我们的香菜可以吃了！"说完孩子们都跑到自然角去看，尤其是香菜组的孩子们兴奋得不得了。"真的可以吃了！""我们现在就把它们拔下来，今天区域活动时间来择菜好吗？"晨晨问。"当然可以！"香菜组的小朋友们点头回答。孩子们小心翼翼地把香菜拔下来。唐祉涵说："香菜要连根拔！我拔过香菜！"在唐祉涵的带领下，大家将所有的香菜都拔完了。大家说："我们要择一下！""怎么择啊？""我觉得把根留下，把不好的叶子择掉就行！"菲菲说。"菜根怎么吃啊？应该把菜根择掉，我们喝汤时都没看见过菜根！"

香菜的根到底是留下，还是择掉？引发了大家的讨论。"我觉得要留下，因为有菜根会更香！"多多说。"我觉得不能留，上面全是泥，多脏啊！"幼儿在择菜的过程中一部分保留了菜根，一部分把菜根择掉了。洗完后，大家把香菜送到食堂，请厨师们做汤时放这些香菜。厨师们说："为什么有的香菜还有根？"孩子们说："我们认为根也可以吃，所以就留下了。"厨师们说："做汤时不能放菜根，菜根可以凉拌吃。"就这样，香菜一部分做成了汤，一部分拌成了凉菜。菜端进班里那一刻，香味飘满了整个教室，大家细嚼慢咽，品尝着美味的菜肴。

在种植过程中，幼儿收获了植物种植的知识和经验。日常生活中，老师应该为幼儿创造更多的种植机会，让幼儿在种植中体验照顾、收获的快乐。

社会

争做环保小卫士

郑宝军

第一天，环保海报引发的思考

赵辰宇带来了一张很大的海报，说："我想给大家讲讲这个海报，这是我让妈妈帮我找的。我在科学探索的书里看到了树木对我们人类的益处，我想让更多的人知道……"

赵辰宇一边指着海报，一边说："树木可以帮助我们减少风沙的破坏，给我们带来新鲜的氧气，还可以帮助我们吸收雾霾……"赵辰茜说："那我们怎么做才能保护好这些树木呢？"鄢源说："我们也画一些这样的海报，告诉别人要保护树木吧！""我觉得还可以画一些标志来提示大家爱护树木。"孟思远说。"我们去给小树浇水吧，让小树长得更高。"壮壮说。

赵辰宇的海报引发了大家的思考，从而引出了大家很多的想法，我决定暂时不介入到孩子们的谈话中，让孩子们通过自己的方式自主进行尝试。

第二天，美工区画海报

早上区域活动时，赵辰宇就开始问："我今天想在美工区画海报，谁和我一起画啊？"孟思远、六六、鄢源和赵辰茜围了过来，几个人拿起了笔和纸开始构思。鄢源说："妈妈告诉我爱护树木也要爱护小花和小草，所以我画一些不摘花、不踩小草的标志吧……

几个人拿着画好的海报对我说："郑老师，我们画了这些海报和标志想说给更多的人听，我们能出去说给外边的人听吗？""你们为什么要说给别人啊？""我们想让很多人都来保护花草树木。""那你们想一想怎样做才能让很多人知道呢？"

我问他们。赵辰宇说:"让大家都来画海报,我们一起出去告诉外边的人,这样就有很多人都知道了……""你可以征求一下大家的建议,那天我听到大家有很多好提议哦!"我对赵辰宇说。

老师一定不要剥夺孩子体验生活的机会,但不是不关注、不指导,所以教师的介入一定要讲究契机与策略。在对待幼儿面临的困难上,应尽可能地不直接教给孩子方法,而是运用一些建议式和鼓励式的指导策略,间接给予幼儿帮助,这样能使幼儿的创造性更好地发挥,提高其自身解决问题的能力。

区域活动后,自主制订方案

赵辰宇说:"我们组的小朋友想将自己画的海报讲给外边的人听,告诉他们保护花草树木。你们有什么好的提议呢?"壮壮说:"我们可以给小树小花浇水。""我们还可以画标志挂在小树上,告诉别人不能摘花。"开心说。刘天爱说:"我们可以分成小组,每个小组做不同的事情,画海报的一组、浇花的一组、做标志的一组,这样我们就可以把这些好方法都用上了。""我们每组要有一名组长,组长要和大家商量好每个人在小区的什么地方宣传;其次,就是要注意安全;第三,听到哨子声找组长集合。"

第三天:争做"环保小卫士"

早饭后我们就出发了。负责宣传的孩子们走到运动场,大家拿着自己的海报给人们讲了起来:"我们要保护好这些树木,它给我们带来了新鲜的空气、减少雾霾……"

浇水的孩子们拎着小水桶给小树浇水……挂标志的孩子们在认真地挂着自己设计的标志……

看着孩子们积极认真的样子,我被孩子们的无限潜能所震撼。孩子们在现实生活中身临其境地进行观察、了解,他们的视野才会更广阔,学习欲望才能更强烈,真正体现幼儿在生活中学习、在经验中学习的理念。

通过这些活动,我们的"教"从单一的方法过渡到多元开放灵活的方法,我们关注的不再是孩子们掌握了多少技能,而是是否养成了自主学习、主动探索的习惯,是否从"学会"转向了"会学"的学习方式,从而让孩子在自由自主的氛围中快乐成长。

一件爱的礼物

郑宝军

一天，在餐前游戏时我听见容容和大家说："过几天就是母亲节了，我和爸爸给妈妈准备了一件礼物，想给妈妈一个惊喜。"容容的话才一说，孩子们就好奇地问了起来："什么礼物啊，能告诉我们吗？"容容得意地说："这是我和爸爸的秘密，不能说。"这时天爱在一旁说："我也准备用我的零用钱给妈妈买一件节日礼物。"散步时我问天爱和容容："听说你俩要给妈妈买节日礼物啊？"天爱说："妈妈上班特别辛苦，每天还照顾我，我很爱妈妈，所以我想买件礼物送给妈妈，让妈妈知道我特别爱她。"这时其他孩子也围过来纷纷说："我也有零花钱，我也要给我妈妈买一件节日礼物！"

孩子们积极的样子感染了我，买什么礼物、买多少钱的礼物又成了我们讨论的话题。蓉蓉说："我想给我妈妈买一瓶护手霜，因为昨天我看见我妈妈洗完衣服抹护手霜时，她的护手霜快用完了。"天爱说："我零用钱的大票都在妈妈那里帮我收着，我只有10元钱。"孟思远说："我也有10元钱，那我们给妈妈买什么礼物呢？"赵辰西说："你妈妈喜欢什么礼物啊？还有，她喜欢什么颜色的礼物？""不知道送妈妈什么礼物，可怎么办呢？"我装作很着急的样子问孩子们。六六说："我们这几天回家偷偷地看妈妈都喜欢什么东西，然后我们再来决定买什么好不好？"孩子们都纷纷表示同意。

自订购买计划

孩子们都了解了妈妈的喜好，从吃的到用的都有。孩子们计算着自己手里的10元钱，该怎样花才更有意义。

赵辰宇说："我妈妈最喜欢吃口香糖了，我知道新出了一种口香糖，蓝色的盒子薄荷口味，这是我妈妈的最爱，刚好10元一盒，我就买这个好了。"何欣烨说："我妈妈喜欢吃水果，我先给她买一盒水果。"容容说："我想好了，就买护手霜。"刘清和壮壮说："我想给我妈妈买一个漂亮的发卡。"魏暄烨说："我

想给妈妈买一支唇膏。"孟思远着急地说:"我们买的东西都不在同一个地方卖,那我们该怎么办?""那你们谁能说说华堂每一层都卖什么东西?"我问孩子们。刘天爱说:"我知道,华堂一层卖好吃的,二层卖衣服和化妆品,三层卖我们平时用的东西和小孩穿的衣服。"我说:"那你们大家怎么做才能在一个地方买东西呢?"高烨辰说:"请小朋友把给妈妈买的东西都画出来,然后我们看看这些东西都是什么,我们可以把买一样东西或者都在一层楼的小朋友分为一组,这样我们每个小组还可以比赛,看哪个小组先买完东西。"听了这个建议后孩子们都拍手表示赞同,于是大家都开始拿起画笔画出自己要给妈妈的礼物。孩子们整理着购买计划,这时大妞看到一张纸上画了两件东西,一朵花和一个嘴唇,一看名字原来是赵辰西的。赵辰西说:"我想买两件礼物,一支唇膏,再配上一朵花送给妈妈,晚上妈妈一定会很高兴的。"听了赵辰西的建议,大家七嘴八舌地说:"我也想买两件礼物,可只有10元钱,要是不够了怎么办呢?""我们买的时候要看好那个东西的价钱,要是太贵了我们就不能买,我们得算好价钱……"

于是,孩子们把要买的东西又重新计划了一下。根据孩子们的购买计划,我们分成了三个小组,孩子们推选出了每组的组长,每个组员要听从组长的指挥,还要保存好自己的钱,买完之后组长带领大家在购买区收银台旁边集合。每个小组还给自己起了一个好听的组名:草莓组、超人组、花儿组。

分组购买趣事多

1. 买盒金橘不上火

何欣烨来到了水果区,拿起了一盒草莓,看了看价签是12元。他一边对身边的李松冕说"12块,差2块",一边看了看旁边的那盒金橘。价签上标注是8元,他就拿起一盒。我问他:"为什么给妈妈买金橘呢?"何欣烨懂事地说:"我妈妈在银行上班,很辛苦。金橘是去火的,我想给妈妈买这个,让她不生病。"

分析:

> 通过孩子们对妈妈的观察和了解,他们知道了妈妈的喜好,在活动前都想好了自己要购买的礼物。这样,孩子们做事有了一定的计划性。在挑选的过程中,他们能够根据自己仅有的10元钱来选择并调整。比如,当看到一盒金橘的价钱超出10元时,欣烨能够选择价格低的,说明孩子们有了

> 一定的生活经验。活动中，我们看到幼儿能够听取同伴的建议调整自己的行为，从而实现预定目标。

2. 优惠的护手霜

超人组来到了日用品购物区。容容拿起一支护手霜，看看价签，啊，30元！容容吐了一下舌头，扭头和刘天爱说："我想给妈妈买一支护手霜，好贵啊，10元钱买不了啊。"于是她又拿起另外一个品牌的护手霜，价签显示18元，容容又无奈地放下了……这时一位售货员阿姨看到容容、刘天爱、刘清几个孩子在货架前徘徊，就走到她们身边说："小朋友，是要买护手霜送给妈妈吗？这里有一款促销的护手霜，以前是14元一支，现在'三八'节促销，6元钱一支。你们闻闻这味道很香，很超值的，可以买一支送给妈妈哦。"听了售货员阿姨的介绍，三个人每人选了一支护手霜。这时六六、高烨辰、魏暄烨、鄢源等小朋友也都各拿了一支护手霜。骆梓涵、赵辰西分别为妈妈选了一支9.8元的润唇膏。容容选完之后说："我还剩4元钱，我想到地下一层再看看，给我妈妈选一个好看的小辫绳行吗？"

于是，我们又向地下一层走去。在一层楼梯口的时候，卖鲜花的一位叔叔对孩子们说："小朋友，要不要给妈妈选一枝鲜花啊？3元一枝。"这时，魏暄烨、鄢源、六六、开心等小朋友都各选了一枝不同颜色的康乃馨。

分析：

> 大班孩子已经有了和家人一同购物的经验，他们具备了一定的社会知识，这是在课堂中所学不到的。面对售货员的销，孩子们知道了什么是优惠，优惠活动可以让我们用较少的钱买到满意的东西，这也是我们在现实生活中经常遇到的。

在购买活动中，孩子们还学到了10以内换算的运用，买完主要礼物后剩下的钱，孩子们尝试着又买了一件适宜的礼物，说明他们有了一定的合理用钱的能力。孩子们在生活中感受数学知识、学会运用数学知识，并能够运用数学知识来解决生活中遇到的问题。孩子们的这些能力可以延伸到班中的区角活动中。

3. 互相帮助的礼物意义大

来到饰品区，刘清就高兴地拿起一个带盒子的小镜子左看右看，简直爱不

释手。一看价签是 7 元钱,她问阿姨:"刚才我们买的护手霜就是母亲节有优惠,阿姨,这个也能优惠吗?"售货员回答:"可以优惠,但是不能低于 5 元钱。"刘清攥着手里剩下的 4 元钱,失望地低着头。在一旁的刘天爱说:"刘清,你怎么了?"刘清垂着头失望地说:"我还差 1 块钱,不够了,我妈妈一定很喜欢这面小镜子。"天爱说:"别着急,刘清。我可以给你,我还剩下 1 元钱,我不打算再买了,你用吧。"于是,刘清给妈妈买了一个漂亮的小镜子。

分析:

> 大班孩子思维活跃,通过购买护手霜的经验,孩子们已经学会了将已有的生活经验进行迁移,和卖小镜子的阿姨"砍价",这也是孩子们在课堂中学习不到的一种技能。当孩子面对问题、困难的时候,孩子们以一种自己的方式去解决问题,刘清的钱不够了天爱能及时发现,并伸出援助之手,体现了孩子们在活动中能够团结、互助,及时帮助别人。

妈妈们收到礼物时那种激动的心情难以言表。我们在体验快乐的同时,更多地为对孩子们的无限潜能所震惊。在活动中孩子们表达着自己的想法,面对问题时孩子们解决问题方式的多样性也远远超出了我的预期设想。我们在实际生活中都会遇到如何面对并解决诸多琐碎的问题,生活化的活动让孩子们体验到了自己解决问题后的喜悦。这次活动是成功的,它不仅为幼儿提供了体验生活、实践生活的机会,同时也使幼儿更加自信地面对生活。

幸运宝贝
——红包抽抽乐

左晶伟

新学期刚刚开学，可爱的孩子们回到班中后纷纷诉说自己的假期生活，分享着新鲜事物带来的快乐！孩子们每天期待着新闻分享时间……这一天，孩子们带来了一则关于"小学校抢红包"活动的新闻，在班中引起了轰动。孩子们对"抢红包"活动非常喜爱。木木说："老师，我们也想抢红包！春节的时候，我就和爸爸一起抢红包了，抢了45块钱！""老师，要是能在咱们班抢红包就好了！我们就太幸运了！"米果说。这些小小的愿望存在孩子们的内心深处。教师作为孩子们的支持者、引导者，如何更好地引导孩子们开展活动，引发了我深深的反思。首先，孩子们的愿望各不相同，如何才能更好地帮助孩子们完成他们的愿望？让孩子们通过活动实现自己的愿望？孩子们的愿望运用怎样的形式表现？抽红包的规则应该是什么？怎样才能公平公正？如果自己的愿望被别人抽到了怎么办？于是我组织了"抽红包大讨论"的活动，在与孩子们的讨论中，孩子们给了我答案。

许下自己的小小心愿

"红包里面可以有什么啊？"话音刚落，全班孩子们的注意力刹那间都聚集在了我这里。孩子们说："老师，红包里面应该装的是钱！我们春节收的红包里面都是钱！爸爸妈妈抢红包时也是钱！"我说："当然可以！你们觉得红包中除了可以放钱以外，还可以放什么？你们最希望得到什么惊喜？"话音未落，激烈的场面映入了我的眼帘……孩子们开始结伴商量，在谈论的过程中，孩子们各个眉飞色舞、神采飞扬。孩子们纷纷说出了自己的愿望：获得不同的金钱奖励；获得当商店服务员、管理员、经理的资格一次；当银行的保安，保卫银行的安全；在家休息、放假一天；商店礼物免费领取一件；商店商品打折或者特价；等等。激烈地讨论过后，孩子们纷纷记录下自己的愿望，并且把愿望小心翼翼地放进了红包中，可爱的孩子们期待着自己抽红包的那个欣喜的瞬间……

幸运宝贝应该是谁

孩子们的愿望得到了老师的支持，此刻孩子们的小脸上洋溢着满足的笑……"我们也可以有红包啦！简直是天大的好事儿！从来都没在幼儿园拿过红包！"甜甜说。"班里面这么多小朋友，我们怎么来抽红包啊？"乐乐一脸疑惑地问。牛牛说："每个小朋友都可以抽！我们一天抽一次！这样才公平！"孩子们有的拍手叫好，有的却说："如果每天大家都抽，人太多了，那我们什么时间抽呢？"问题在孩子们的讨论声中悄然出现了。对于抽红包的规则以及红包的内容孩子们也是非常感兴趣的。的确，抽取红包是每个孩子的愿望。在孩子们激烈的讨论声中突然冒出了一个声音："那就选几个小朋友。"付博伦说。"怎么选？那谁来选啊？"墨墨着急地说。"老师，我们可不可以这样？就是按照小朋友的学号，今天1号、2号、3号，明天4号、5号、6号，这样，轮流来，我觉得这样最公平！""每天可以根据表现选出2名抽红包的小朋友。"这时候我问："那这两个小朋友怎么选？"孩子们说："选表现好的！"我提出建议：由全班小朋友投票决定，每人只能投1票！但是从30个小朋友中选出2名太难了，该怎么办？于是孩子们说可以自己先说一说自己今天表现不错的地方，然后让大家评选！我想，这不正是"自我推荐"嘛！在老师和小朋友们的共同讨论下，孩子们决定每天6名小朋友进行自我推荐，大家从6名自荐者中投票选出2名。在欢乐的商讨过程中，结束了规则的制定。

快乐中的小插曲

被评为"幸运之星"的孩子们此时此刻是欣喜的、快乐的、幸福的。每天的抽红包环节，是孩子们急切盼望的。当孩子们站在抽抽箱面前时，期待的眼神简直穿透了抽抽箱。当孩子们抽出红包，小心翼翼打开红包的那一刹那，小眼睛里饱含着期望。当孩子们打开愿望的时候，眼中流露出的幸福溢满了小脸，他们会情不自禁地跳跃、欢呼，甚至张开双臂拥抱同伴。然后孩子们会根据图片信息，在全班小朋友面前宣读红包里的愿望。新的问题出现了，孩子们发现抽到的愿望不是自己许下的，有一丝小小的失落。于是我问孩子："遇到了这样的问题怎么办？自己的愿望没有抽到怎么办？或者是自己的愿望被别人抽到了怎么办？"康康说："抽到了什么就是什么也可以，不是自己的也没关系！"雨点说："我还是想抽到自己的愿望！如果是我抽到了别人的愿望，我可以把这个愿望送给他，然后再抽我自己的。""那不行，那你要是总是抽不到怎么办？"范冠泽说。"我同意送愿望给同伴，但是不能自己接着再抽了，可以让老师奖励 5 块钱！"涵涵说。孩子们听了涵涵的想法后纷纷表示同意："这个办法不错！""自己的愿望永远是自己的，还可以得到 5 块钱！"小祯此时已经高兴得跳起来了。孩子们在你一言我一语中商量出了解决问题的策略。他们逐渐学会了商量与解决问题，学会了考虑事情的合理性。孩子们享受着自己解决问题的幸福。

　　小小的"抽红包"活动结束了，本活动深受孩子们的喜欢。在社会不断发展的今天，孩子们能够及时地了解社会上的新兴事物，并据此创建属于自己的"小社会"。在孩子们自己的小社会中，孩子们体验着付出、成功与收获。活动促进了同伴间的交流与合作。在孩子们大讨论的过程中，他们积极、充分地表达自己的想法；在小组讨论中，孩子们体会着集体与小组的力量。孩子们的思维得到了充分地碰撞，在讨论中，孩子们学会了协商、学会了合作。有了目标的孩子们，运用绘画的方式，大胆地绘制了自己的愿望。在绘制愿望的过程中，孩子们能够合理地利用纸张、巧妙地构图、完美地配色，使自己的愿望更加精彩。同时，作为教师的我们，要与时俱进，走近孩子们，在孩子们需要的时候出现，为孩子们搭建不同的舞台，支持、鼓励孩子们的想法，并且帮助孩子们获得成功。

语言

特殊的辩论会

陈文娟

快到"三八"妇女节了,孩子们总是聚在一起谈论"怎么给妈妈过节"这个话题。大家的意见有两种,一种是给妈妈买礼物,一种是帮妈妈干活。根据孩子们的兴趣,我们开展了一场特殊的辩论会。

提议

吃完加餐,我听见格格说:"妇女节我准备给妈妈买一束花。"旁边的萱萱马上问:"你有钱吗?"格格说:"有呀,我有好多压岁钱。"萱萱想了想说:"我觉得买礼物不好,反正买礼物的钱都是爸爸妈妈给你的,还不是相当于妈妈自己花钱买的礼物。"牛牛听完她俩的对话接着说:"对,我也觉得买礼物不好,我准备'三八'节给我妈妈做一顿爱心早餐。"嘟嘟听完不同意了:"节日就是应该送礼物,我就准备给妈妈送礼物。"他们的争论引起了大家的关注,小朋友们七嘴八舌地发表着自己的看法。

看到小朋友们对这个话题如此感兴趣,我心里暗暗高兴,立即加入他们的讨论:"这样吧,既然大家意见不一致,有的小朋友支持给妈妈买礼物,而有的小朋友支持帮妈妈劳动,那我们就来进行一场辩论,请大家都说一说自己的理由,再听一听对方的理由,好吗?"孩子们一致赞成。由此,"'三八'妇女节是给妈妈买礼物好,还是帮妈妈劳动好"的辩论会开始了。

交锋

首先,"礼物派"提出了自己的观点:"'三八'妇女节是一个表达感谢的日子,所以送礼物好。""劳动派"提出了质疑:"买礼物的钱是爸爸妈妈出的,

小朋友都没有付出劳动,和妈妈自己买礼物是一样的。""礼物派"马上回应:"小朋友平常帮爸爸、妈妈做事情会得到工资,这笔钱是小朋友用劳动换来的,所以和妈妈自己花钱买礼物不一样。""劳动派"又发问:"不是所有小朋友的爸爸、妈妈都给他们发工资,那有的小朋友就没有钱,不是还得管爸爸妈妈要吗?""礼物派"回答:"礼物也可以不花钱买,可以自己做,画幅画、做贺卡,这些都是礼物,还不用花钱。""礼物派"还反问了"劳动派"一个问题:"你们为什么平常不帮助妈妈干活,非要过节的时候才帮妈妈劳动呢?""劳动派"的代表回答:"不是我们平常不帮妈妈干活,而是平常我们帮妈妈做的都是一些小的事情,像擦桌子、洗碗等,我们在节日的时候可以多帮妈妈做一些事情,或者做一些我们平常做得比较少的事情,像做早餐、收拾房间、擦地这些事情,这样可以让妈妈休息休息。""礼物派"立即提出质疑:"墩布很沉,小朋友擦地擦不干净,妈妈还要重新再擦一遍。""劳动派"的小朋友回答:"墩布拿不动可以想办法嘛,用布擦也可以的。"墩地的质疑没有难住"劳动派","礼物派"又提出新问题:"小朋友不会做早餐,而且用火会有危险,这样不但没有让妈妈得到休息,反而让妈妈更担心,会给妈妈增添更多的麻烦。""劳动派"的牛牛马上接过问题:"不用火也可以做早餐,三明治就不用火。"……辩论双方你来我往,辩论得非常激烈。

无果

经过半个小时的辩论,最终辩论双方都有道理,双方谁也不服谁。"怎么办呢?"孩子们把问题抛给了老师。我问:"你们是要给妈妈过节,你们觉得谁最有发言权?""妈妈!"孩子们异口同声地回答。经过讨论,孩子们最后达成协议:分别按照自己的想法去给妈妈过节,并通过照片的形式把自己的行动记录下来,然后再听听妈妈怎么说,由妈妈来判断。

用事实说话

"三八"妇女节适逢周末,所有孩子都行动起来了,有的小朋友取出了自己的压岁钱给妈妈买来了鲜花,有的小朋友给妈妈做了爱心早餐,有的小朋友为妈妈买了漂亮的发卡……

周一来园,孩子们就聚在一起讲述自己是怎么给妈妈过节的。我们请孩子们

谈谈自己的感受和妈妈的感受，小朋友们说："不管是送给妈妈礼物，还是为妈妈服务，妈妈收到我们的祝福都非常开心，因为妈妈说这都是爱的表达。"

这次辩论会之所以称其为特殊的辩论会，是因为本次辩论会的辩题源于孩子们自己对问题的不同看法。同时，本次辩论会是即时的，由孩子们的不同意见引发并展开的即时辩论，因为是源于孩子们自己的问题，孩子们的辩论更充满激情，更加凸显了孩子们的灵活机智。再次，本次辩论会有更为特殊的价值，那就是为孩子们提供了自己解决问题的机会，辩论的过程中孩子们充分表达了自己的观点，同时学会倾听不同的声音，这比辩论会谁输谁赢更有价值。

我是辩论达人

李 晴

孩子们升入大班后，表达能力、理解能力增强，求知欲和好奇心更强烈，爱说、好动，对事物有了自己的理解和看法，但是喜欢坚持己见，常常因为不同的看法而争论。根据班中幼儿表达的需求及培养幼儿认真倾听他人的教育目标，我们与孩子们商量后，决定每周组织一次辩论会。随着辩论会的开展，我发现在不同的辩题时孩子们的表现差异很大。比如在"男孩好，还是女孩好"的辩论中，所有孩子各自有着自己的观点，而到"女孩子梳辫子好，还是不梳好"时，部分幼儿就明显不那么踊跃了。是他们对辩题不感兴趣，还是不知道怎么表达？这引起了我的关注，让我开始思考。

孩子们喜欢什么样的辩论题目

针对这个问题，我对班中幼儿进行了采访。有的孩子说："喜欢我们知道的、熟悉的内容，要是不知道的我们说不上来。"有的孩子说："动画片里看到过的。""有意思的。"通过采访、统计，我发现孩子们对与生活紧密相关、冲突较大、角色鲜明的题目感兴趣。

在了解了孩子们的需求之后，我们认真观察孩子，发现他们喜欢聊什么，关心什么，然后再拟定辩论题目，同时把拟定的辩论题目向幼儿提前公布。孩子们会在过渡环节投票，票数最多的题目将最终成为我们的辩论命题。

辩论中孩子们要掌握的规则

几次辩论后，孩子们已经对辩论会的流程很清晰了。他们会在辩论会的前一天选班里的老师当主持，因为他们觉得只有老师最公平、公正。辩论中有正方和反方，孩子们起初不明白怎么辩论，只是说出自己的观点，不会针对别人的观点进行发言。发现孩子们这些问题，我们一起观看了辩论视频，请孩子们讨论视频

中的正方反方都是怎么辩论的。通过一次次的实练，孩子们逐渐能针对另外一方抛出的信息发言了，也学会了等待别人发完言后再发言。

如何让辩论命题变化多样

随着辩论次数的增多，辩论命题成了孩子们发愁的事情。例如，辩论命题投票中，邓景行说："今天的辩论题目没意思，我就将就选一个吧！"老师问："这几个辩题你都不喜欢吗？"邓景行说："不是不喜欢，是不太感兴趣。"也许这也是辩论会中的问题吧！

为了让班级辩论命题多样化，我发动孩子们一起想办法。孩子们自由分组讨论，把每组最感兴趣的题目写下来，并在班里讨论投票，得出最终的辩论题目。

不仅征求孩子们的意见，我们还向家长发起倡议，请家长把平常在与孩子沟通的过程中，孩子、家长意见有分歧的问题记录下来，备选我们的辩论题目。在家长和小朋友的积极参与下，我们开展了多场的辩论会，如"小朋友看电视好还是不好""上幼儿园坐车好，还是走路好""人会飞好，还是不会飞好""孙悟空厉害，还是奥特曼厉害""中午睡觉好，还是不睡觉好""爸爸辛苦，还是妈妈辛苦"等。

如何让孩子们辩得更充分

辩论中发现，有的孩子不发言，有的表达的内容抓不住重点。为了使孩子们说得更充分、更有条理，我们尝试各种方法帮助孩子。例如，辩论会的前一天，孩子们会回家收集材料，一方面家长可以给孩子们扩充知识面，另一方面是孩子们有可以独立思考与积累经验的时间。孩子们也可以与小朋友们在过渡环节讨论。几次辩论会过后，发现这种方式很有效，孩子们说得更充分了，并且孩子们喜欢上了辩论会这种解决难题的形式，在放学离园环节，我们也会利用10分钟开展一次辩论会。

记得一次辩论会的题目是"孙悟空厉害，还是特曼厉害"。谢卓成说："奥特曼厉害，因为他是为了维护世界和平，他是正义的使者！"意贝说："孙悟空厉害,孙悟空能变很多奥特曼,你想要什么样的使者都可以变,你们说谁厉害呀！"这样的例子还有很多。现在，在班里两个孩子遇到疑难问题时就会说："老师，我俩刚才辩论了，分不出输赢。"不经意中一个小型辩论会就开始了！

大班幼儿为什么喜欢辩论会

面对这个问题，我翻阅了《指南》，查看了大班幼儿的发展规律及年龄特点：大班幼儿好学好问，抽象能力开始萌发，尤其是合作意识增强，喜欢玩竞争游戏，喜欢探究活动，喜欢通过自己的努力得出结论，对辩论会极其感兴趣，喜欢你一言我一语阐述自己的观点。

辩论会让孩子们受益匪浅，不仅扩大了幼儿的知识面，而且提高了幼儿的表达能力、倾听能力，增强了规则意识，初步养成简单的思辨能力。同时，幼儿社交、独立思考、解决问题的能力也得以提升。

"大嘴巴"故事会

王素玉

在图书区，妞妞和睿睿两个人一起看绘本故事《小种子》，我一直在旁边观察两个人一起观察图片、争论图片所表达的内容。睿睿说："小种子随着大风飞到了空中。""我觉得是秋天，秋天的树叶才有红色和黄色的，而且有许多的小种子被秋风吹到了天空中。"妞妞指着书说道。睿睿仔细看了看图片，同意了她的说法，于是两人重新将这一页进行了讲述："秋天来了，秋风把许多的小种子吹到了天空中。秋风要把小种子吹到哪里呢？"在讲到小种子飞起来的时候，妞妞还将手臂挥起来表示种子飞高了。两人就这样商量着高兴地讲完了整本故事。看到两人讲述得这么生动，我与他们商量，能不能在全班小朋友面前将这个故事再讲一遍。两人同意我的提议，但当众讲述时，两人的声音比刚才自由讲述的声音要小，挥舞手臂表示小种子飞起来的动作也没有了。

为什么孩子在当众表现和自由放松时的表现会这么不同呢？班中又有多少孩子不敢当众讲故事呢？我要用怎样的方式才能使孩子们将自己喜欢的故事大胆地当众讲述出来呢？在平时的观察中，我发现孩子们都非常喜欢绘本故事。于是，我决定以绘本故事为切入点，发展孩子的语言表达能力，鼓励孩子们大胆表现，培养孩子的自信心。

《纲要》指出："教师应成为幼儿学习活动的支持者、合作者、引导者、促进者。"那么，怎样在语言活动中让幼儿想说、敢说、喜欢说呢？针对大班孩子喜欢竞争、比赛的年龄特点，我设计了"大嘴巴"故事会，围绕故事会开展了一系列的活动，以此发展孩子们的表述能力，增强自信心。

选择自己熟悉、喜欢的绘本讲述

孩子们都非常喜欢绘本故事，幼儿园及家庭都会为孩子们提供许多绘本，爸爸、妈妈会在睡前给他们讲故事，幼儿园中也会定期进行绘本故事的教学，所以孩子们在心里已经记住了许多的绘本故事。于是，我将选择故事的权利交给了孩子们，既可以选择幼儿园中讲过的，也可以选择自己家中讲过的故事。孩子们选择的故事多种多样，有的选择自己喜欢的，有的选择自己讲得好的，有的选择故事简短的，这一过程中也发展了孩子们衡量、比较的能力。

利用幻灯片辅助讲述，降低讲述难度

这是孩子们第一次参加讲故事比赛，有的孩子要讲的故事还比较长，为了使每个孩子都能完整地讲述故事，体会到成功的喜悦，我请家长配合此次活动，将孩子们所讲的故事制作成幻灯片，这样孩子们可以自己放幻灯片，对照图片进行讲述。因为幻灯片的图片大而清晰，更方便孩子们观看；幻灯片播放，使讲故事的幼儿能够直观地观看每一页的画面内容，画面中图片或文字可以起到提示的作用；幻灯片播放还可以解放孩子的双手，让孩子能够更好地用动作表现故事。

同伴一起商量故事讲述的动作、语调变化

故事要讲得好，就要有语调的变化，有手势、动作辅助，我把设计动作、改编语调这一环节也交给了孩子们。在这个过程中，我会帮助他们分析故事，理清思路，引导他们大胆创设与讨论。

1. 分析故事人物，根据角色设计声音

我将故事《狼大叔的红焖鸡》作为范例与孩子们一起分析，先将故事中的人物都找了出来，有小鸡、鸡妈妈、狼大叔，然后让幼儿思考、讨论："你们觉得故事中的这三个人物讲话的声音都是一样的吗？如果让你来设计，你想用什么样的声音来表现出他们的不同呢？"孩子们纷纷发表自己的看法："狼的声音应该是粗的。""狼的声音应该是厉害的。""鸡妈妈的声音是温柔的。""小鸡的声音是可爱的。"……在孩子们发表完看法后，我还请孩子们在同伴间用声音表现出自己的语调设计，孩子们表现得都非常积极大胆，也都有自己的看法。

2. 梳理故事内容，根据不同场景设计动作

在动作设计的过程中，我采用了边用语言讲述，边请孩子们用动作表现的方式。当他们认为我讲的哪句话可以加动作时，就举手示意我。当我讲到"狼大叔悄悄地跟在鸡妈妈身后"这一句时，佩琪举手发言："我觉得狼大叔悄悄地跟在鸡妈妈身后可以加动作，就踮脚尖走。"说完马上用动作表现了出来。佩琪说完后，嘉忆举手说："我觉得这狼大叔还可以弯着腰，因为他不想让鸡妈妈发现他。"

说完，她用弯腰踮脚尖的动作表现出了狼大叔悄悄地跟在鸡妈妈身后，孩子们都说太像了。

要设计出恰当的动作，就要了解故事的内容。于是，我首先带着孩子们一同梳理故事内容。在梳理故事内容的基础上，引导孩子们一同设计动作，并选出最适合的。通过这样的方式，孩子们都了解了要如何设计动作，每个人都能大胆地表现自己的想法。

3. 利用过渡环节，幼儿间相互学习、指导

经过引导，调动了孩子们对语调、动作设计的积极性，孩子们自己设计好故事动作、语调。利用每天的过渡环节，请孩子们有表情、动作、语调地讲述自己的故事。其他幼儿在听的过程中，可以提出更好的建议，如高兴、生气时语调有什么变化，表情有什么变化，还可以在什么地方加动作等。孩子们一起商量，集思广益，都设计了自己独特的故事表演方式。

在"大嘴巴"故事会当天，孩子们都跃跃欲试，每个人都完整地、有语调地、有动作地讲述出了自己与众不同的故事。

幼儿在讲故事的过程中获得了自信心，感受到自己的实力，树立了只要不懈努力就会获得成功的信心。

艺术

让折纸"玩"起来

陈文娟

纸在生活中随处可寻,折纸是最经济、简易可行的一种手工活动。说到折纸也许会有人认为不值一提,但是折纸对于我来说却有特殊的意义,折纸见证了我和孩子们共同成长的故事。

对话引起的折纸活动

一天,晨间谈话时,可妍问我:"老师,你们小时候玩过植物大战僵尸吗?"
我说:"没有,我们小时候没有电脑、iPad,不玩电子游戏。"
格格接着问:"那你们小时候都玩什么呀?"
我回答:"我们小时候玩得可多了,过家家、跳皮筋、玩沙包、玩泥,还玩折纸。"
格格用质疑的眼神望着我:"折纸能玩吗?"
我说:"当然可以了,不信现在我就折一个咱们一起玩玩。"
于是我快速地折好一个"东南西北",孩子们疑惑地看着我说:"这不是折小衣服的前一步吗?有什么好玩的?"我在八个方位上画好不同的图案,然后对孩子说:"好了,这里有东南西北四个方向,你们可以任选一个方向,再说一下开合的次数就可以了,惊喜等着你们哦!"格格试探着说:"我先来吧,我选东方,开合5次。""1、2、3、4、5,看,你变成了公主。"我把开合5次后东方方位里显示的图案给她看。"我来我来,这次我选南方,开合6下!"可妍迫不及待地说。我们玩得非常开心,笑声很快吸引来许多小朋友。嘟嘟说:"老师,我也想折一个。""我也想,我也想。"孩子们纷纷要求着。

于是,我们上午的活动就变成玩折纸"东南西北"。孩子们很快完成了自己的作品,添画上不同的图案,大家一起玩起来。整整一天,孩子们都在玩这个游戏,都在谈论这个游戏,别提多开心了。他们说:"折纸真的很好玩呢!"

活动虽然结束了,但是孩子们的提问却让我深思。"他们为什么问老师小时候玩什么呢?这是不是代表他们对于以前的游戏好奇呢?""他们为什么要问折纸能玩吗?这是不是说明我们以前的折纸活动不好玩呢?今天的折纸活动为什么能够得到孩子的喜爱呢?平常的折纸活动与今天的折纸活动有什么不一样的地方呢?"在反思的过程中我发现,原来以前的折纸活动真的不好玩。我们往往强调通过折纸发展幼儿的手眼协调、动手能力等,折纸对于孩子们来说只是方法的学习和得到最终的一个作品。当这个作品无法和孩子的游戏、需要发生联系时,就只是一个可有可无的东西,不能激起孩子真正的喜爱,更不能引发他们参与的愿望与兴趣。"怎样能让折纸玩起来",成了老师需要解决的问题。

和爸爸妈妈玩折纸

"怎么让折纸玩起来呢?"想到自己小时候折纸就是玩具,纸飞机、小船、小猴爬山……这些折纸内容对于和我处于同一年龄层的家长来说,都是信手拈来。何不利用家长资源,在亲子互动游戏中让折纸玩起来?结合孩子们对于爸爸妈妈、老师以前游戏方式的好奇,以及让折纸玩起来的想法,于是,我在晚上离园时给孩子们留下了一个任务:"请小朋友们和爸爸妈妈聊一聊他们小时候玩什么,并和爸爸妈妈一起玩一玩他们小时候的游戏。"

第二天一大早格格就来了,并且还带来了一个折纸青蛙,说是要送给萱萱的。萱萱一来,格格就急忙把青蛙拿过来对她说:"萱萱,你看这是我送给你的青蛙,它还能跳呢。"说着,格格就按住青蛙的背部,一放,青蛙果真跳起来了。其他小朋友看见了,纷纷要向格格学习青蛙的折法。因为忙不过来,区域活动、过渡环节都有小朋友邀请格格当小老师。离园前,小朋友们都学会了青蛙的折法。看来还是小朋友最了解小朋友,他们之间的相互学习是无法取代的。

离园前,小朋友请格格谈谈怎么学会折青蛙的,格格说:"我跟妈妈学的,爸爸妈妈说他们小时候都玩折纸。""对,我妈妈会折千纸鹤!""我爸爸还会折纸飞机呢!今天晚上我就和我爸爸学,明天带来给你们看。"

"原来,小朋友的爸爸妈妈都是很会玩折纸呢!"我大声感叹,"对呀,我们可以向爸爸妈妈学习呀。"我把小朋友们的提议通过微信圈告诉了家长,并说明了活动的意义,于是,"和爸爸妈妈一起玩折纸"的活动由此展开,陆续都有小朋友将自己学会的折纸带来进行经验分享。在小朋友之间的经验分享中,在亲

子游戏中，小朋友们不知不觉学会了千纸鹤、小船、飞机、方宝、篮子等的折法。

可见家长之中也蕴含着无穷的资源，合理运用这些资源也是一种智慧。

根据孩子的学习方式和特点，在幼儿园我也将折纸活动的内容进行了调整，选择可以游戏的折纸内容，如风车、电话、照相机、戒指等。因为这些折纸内容本身就具有玩具的功能，所以孩子们非常喜欢，都发自内心地想要学习。折纸对他们来说不再是枯燥的学习，而是自己游戏的一部分。

折纸游戏玩起来

过渡时间，可心和芃芃之间的争论引起了老师和小朋友的注意。原来她们在争论谁折的飞机飞得更远，宁宁说："比一比就知道了。"纸飞机飞远比赛由此展开，可心和芃芃玩得兴高采烈，早已忘了谁输谁赢。其他小朋友受到感染也想加入，比赛迅速升级为全班范围的活动愿望。孩子们的比赛愿望让我看到了新的契机，我立即组织小朋友们讨论："大家都想玩飞机飞远比赛，这么多小朋友咱们怎么比呢？"小朋友们想了一下说："大家都站在一条线后飞纸飞机，谁的飞得最远谁就是冠军。""好，我们到操场上按照小朋友们设想的方法玩吧。"

几轮玩下来之后，孩子们的兴趣明显没有一开始那么强烈了，我又召集他们讨论："除了这种玩法，还能怎么玩？""可以两个人比赛，也可以分组比赛。""两个人怎么比？分组又怎么比？"对于这个问题，小朋友们各有想法。有的小朋友说："两个人比赛，输了的人就淘汰，获胜的人再和下一个人比，最后获胜的人就是冠军。"有的小朋友说："这样太浪费时间，可以每个人找一个对手比赛，输的人淘汰，获胜的人再从剩下的人里找一个对手比，最后获胜的就是冠军。"也有小朋友说："可以把小朋友分成两组，每组每次派一个代表比赛，获胜的人给自己的组加一分，最后看哪个组的分数多，哪个组就获胜。"还有小朋友说："把小朋友分成两组，大家一起飞纸飞机，飞得最近的加1分，倒数第二加2分，最后看哪组小朋友的分数加在一起多，哪一组的小朋友就获胜。"按照小朋友们自己的设想，我们在操场上玩起了各种方法的飞机大赛，孩子们玩得兴高采烈。

在此之后，我们还进行了摔方宝、猴子爬山、青蛙跳远等多种折纸游戏。在这些游戏过程中，我们将游戏玩法、规则的制订全部交给孩子们讨论完成，尊重孩子们的想法，支持他们按照自己设想的游戏方式游戏。自由、自主的氛围带给了孩子们无穷的创造力，小朋友们自创了抽签赛、大王挑战赛，以及他们自己定义的擂台赛、淘汰赛、循环赛，各种方式轮番上阵。在折纸游戏中他们收获了无

穷的快乐，这种快乐不仅在于折纸本身，还在于同伴一起玩耍的温暖、在于自己想办法解决问题的成就感，以及想法得到尊重、得以付诸实践的自我价值感。

我会看图例折纸啦

孩子们从父母、同伴处学到了很多折纸的方法，但是向别人学习有时候会受到时间等的限制，他们已经不满足于向身边人学习。看到孩子们的需要，我悄悄地将幼儿园的折纸书放到了柜子的最上面，并静静地观察他们的反应。可心一到艺术区就发现了，她兴奋地对芃芃说："你看，这里有一本书，里面有很多我们折过的东西，还有很多新的。"于是芃芃和可心一起研究起来。"这是什么意思？""这是向里折，我们折过的青蛙，箭头就是这样画的，表示腿向里折。"可心和芃芃一边看图一边比画起来，遇到不懂的符号她们就翻到以前折过的东西，找到相同的符号琢磨是什么意思。活动区结束，可心和芃芃成功地看图折出了小老鼠。

一连两周，可心和芃芃都选择在艺术区折纸，她们还用折出的小老鼠和小猫编创了一本"猫和老鼠"的故事书。为了吸引更多的小朋友对看图折纸的兴趣，当她们的作品完成后，我把她们的作品贴在展板上展示。孩子们聚在一起，一边欣赏一边感叹："你们的作品真有创意，小老鼠和小猫都折得很像。"还有小朋友问："我们以前没有折过老鼠，你们是怎么学会的？"可心自豪地回答："看书呀，特别简单。我们可以一起学。"

第二天，艺术区里涌进了很多小朋友。他们几个人看着一本折纸书，时而低头摆弄一下手中的纸，时而低声讨论，遇到困难还指着图例问旁边的小朋友，大家都看不懂的符号就向老师求助。

一周过去了，小朋友们都陆续去艺术区尝试了看图折纸，常有小朋友拿着折纸书来问我："老师，你看，这个符号是什么意思？"看到小朋友们求知的眼神，我想怎么才能帮助孩子们解决看图折纸的问题，同时发挥幼儿的自主性呢？经过思考，我请小朋友们把自己觉得不好理解的符号找出来，放在电子大屏上，请其他小朋友分享自己的好方法。通过经验分享，小朋友学会了和以前折过的内容对比推测折纸符号意思的方法，学会了一些常见折纸方法，如"翻折""连续卷折"的符号，还分享了"双正方""双三角"的简便折法。为了让小朋友更直观地了解各种折纸符号的含义，我们还一起制作了折纸符号书，在折纸符号下面直接用纸演示相应的折法。有了这些经验分享，孩子们很快理解了折纸符号，学会了看图折纸。

折纸玩法变变变

周五卫生日又到了,孩子们三三两两地拿着抹布准备打扫卫生,这时妙妙说了一句:"我从电视里看见别人打扫卫生时还戴着一个帽子呢。"米宝说:"我也看到过,是用报纸折的。""老师,要不我们也折一个吧。""对,我们也折一个。""好哇。"我立即响应,并提了一个问题:"可是班上现在没有报纸呢,怎么办?"硕硕说:"门卫汤爷爷那儿有很多旧报纸,要不咱们去要点吧。"超超说:"要不,咱俩一起去。"超超自告奋勇和老师一起去汤爷爷那儿拿来报纸,小朋友们就开始折帽子了。

折好帽子一试,太大了,小朋友们马上想到好方法,把一张报纸裁成两小张,这次折完戴上刚刚好。因为有了报纸帽,小朋友们干活更起劲啦。

小朋友们把折纸运用到生活中这一方法又给了我新的启示,我组织小朋友们一起讨论:"折纸除了按照本身的玩法,还可以怎么玩?在户外游戏可以怎么玩?在区域游戏可以怎么玩?"孩子们开动脑筋,又将折纸的玩法进行了新的创造,如,"东南西北"可以写上数字作为飞行棋的骰子用,可以在上面画上不同的动作,翻到哪个动作图案就要完成相应的动作,还可以作为跳房子的走步步数用;再如,纸飞机作为户外活动的材料,瞄准轰炸狼堡,这比用沙包打大灰狼更好玩。将折纸赋予新的玩法或者是赋予新的角色,让小朋友们的创造热情再一次被激发,孩子们将折纸运用到生活中、游戏中,折纸的角色得到扩大,不再只是一个手工作品,真正成为了孩子们的游戏材料。

特别的礼物

孩子们快毕业了,和他们谈论起怎么度过这最后的两个月,他们说:"我们要用折纸把幼儿园变得更漂亮。""我们要把做过的折纸步骤书、折纸符号书留给小弟弟、小妹妹。""要把学会的折纸方法教给弟弟妹妹。"孩子们按照自己的计划进行着准备,我们也准备给孩子们一个礼物——为他们举办一次折纸展览。

折纸活动一直持续了很长时间,孩子们之所以能够一直对这项活动感兴趣,源于我们把折纸活动玩起来,让折纸成为一种游戏,从而激发孩子们探索的兴趣。这件事也让我反思,如何让孩子们玩起来,如何发挥游戏材料的作用,这是我们教育活动中应该关注的问题。

走进春天，放飞梦想
——做风筝

李 晴

春天到了，周末孩子们都和爸爸妈妈一起去踏青，每个周一的早晨孩子们都会兴奋地与小朋友分享自己的周末生活。"我周六去植物园了。""我去动物园了。""我去烧烤了。""我去爬山了。""我周六去公园放风筝去了，你放过风筝吗？"孩子们接着讨论起放风筝的趣事。"我爷爷会做风筝，做的风筝可威风了。"说到这里，默涵撅着嘴说："我爸爸妈妈都没时间带我放风筝，周六日他们还得加班！"这引起了我的关注，我想起了自己小时候和爸爸妈妈一起放风筝时的趣事，因此非常理解孩子渴望和家人一起活动的愿望，我该为孩子做点什么呢？

我们自己做风筝吧

经过周密的思考和准备，我告诉孩子们："老师可以带你们做风筝呀！"孩子们高兴极了。于是，我带孩子们打开电子屏搜索着漂亮的风筝，给孩子们讲起了有关放风筝的故事。

在给孩子们介绍各种各样的风筝的同时，孩子们被眼前的风筝所吸引，不停地说："这个风筝我见过，飞得可高了，在夜间也可以看见。"欣赏了风筝后，孩子们有了初步的规划。当我问孩子们："我们要准备什么呢？"孩子们七嘴八舌地议论起来，说："要准备做风筝的纸，还要放风筝的线。""拿什么做风筝的支架呀？"老师的问题刚一提出，有的孩子就说："那我们去找找吧！"于是孩子们在班里四处寻找支架，寻找自己认为合适的材料。孩子们找到了吸管，还有废旧的笔杆等。博涵还发现班里有废旧的凉席，他说："我爷爷说过，他们原来做风筝就用这样的小棍儿，还有用高粱秆子做风筝呢。"孩子们一下子找到了很多做风筝的材料，他们开始讨论哪个材料更好。孩子们商量后决定用废旧凉席做风筝的支架。

开始做风筝啦

准备好材料，我们开始制作风筝了。孩子们为自己的风筝添画了喜欢的图案，可臻说："我要画漂亮的蝴蝶。"有的要画威武的老鹰、可爱的海绵宝宝、童话里的美人鱼。孩子们开始画了，为了让自己漂亮的风筝飞起来孩子们丝毫不敢走神，细致地描绘着。风筝画完了，悦衡说："风筝怎么没有尾巴呀？没有尾巴在空中是摇摇摆摆的，飞不起来。"孩子们纷纷应和说："对，我们赶紧做风筝的尾巴吧！"孩子们都给风筝加了一条长尾巴。图案画好了，孩子们小心地拿到窗台上晾晒自己的风筝。第二天，我们开始为风筝做支架，孩子们又开始议论起小棍该怎么摆放。有的孩子说："应该交叉放，我买的风筝就是这样放的。"于是，孩子们开始为自己的风筝做支架。

经过了两天的时间，属于自己的风筝做好了，每个小朋友都很自豪地对旁边的小朋友介绍："你看，我做了蝴蝶的风筝，它在天空中一定是最美的。""我做了个老鹰的风筝，它飞向天空的时候一定很神气，我好想现在就让它飞起来，看看它威武翱翔的样子啊！"

去放风筝啦

由于做风筝的这几天外面的空气质量不是很好，与孩子们商量后决定周末回家放风筝。周末终于到了，孩子们和爸爸妈妈一起分享放风筝的快乐。当风筝飞起来的时候孩子们高兴极了，家长们也及时地把孩子们放风筝的场景发到微信群里了。可是由于风大，一些小朋友的风筝没飞起来就破了。还有的孩子没有掌握好放风筝的技巧，把风筝线丢了，风筝也跟着刮跑了。

又是周一，孩子们回到班里一起分享放风筝的故事。孩子们非常激动，不但说出了自己放风筝时的趣事，而且开始寻找放风筝失败的原因。景行说："是纸的原因，太容易被风刮破了。"卓诚说："放风筝要逆着风放，我开始就是顺着风放的，怎么也飞不起来，风筝的头总是往地上扎，后来我的风筝就破了！"孩子们经过实际体验，也总结了很多方法、窍门。最后经过讨论，孩子们一致认为风筝会破是因为纸的问题。

于是我问孩子们："除了纸可以做风筝外还有哪些材料可以做呢？"孩子们

回家寻找材料，有的拿塑料包装，有的拿壁纸，有的拿围巾，在孩子们强烈的要求下我们决定用孩子搜集来的材料再做一次风筝。

通过这次放风筝我们一起寻找了材料，一起设计了图案，一起找出了问题，同时也一起解决了问题。当一个个风筝再次飞向天空的时候，我们成功地笑了，这不仅是为风筝飞上了天空的笑，还是为我们共同努力解决了问题的笑。

分析与思考

《3—6岁儿童学习与发展指南》中指出："幼儿的学习是以直接经验为基础，在游戏和日常生活中进行的。要珍视游戏和生活的独特价值，最大限度地支持和满足幼儿通过直接感知、实际操作和亲身体验获取经验的需要。"

首先，在这个案例中，教师能够观察孩子们的兴趣点，了解幼儿的生活，从而为幼儿创设丰富的、有准备的教育环境，从了解风筝的故事到欣赏各种各样的风筝，孩子们的热情进一步调动起来，同时也激发了幼儿想动手做风筝的愿望。

其次，在制作风筝的过程中，教师适时抛出问题"拿什么做风筝的支架"，能够很好地调动幼儿已有经验，激发幼儿的探究欲望。幼儿在实际操作和亲身体验中不仅发现了尾巴的作用和不同材料的异同，还学会了尝试解决生活中的问题。

最后，幼儿通过放风筝又发现了新的问题，他们共同寻找失败的原因，并且进一步搜集资料，实际操作解决了问题。这些学习品质的培养对幼儿的影响将是终生的。

独一无二的灯笼

王素玉

"老师,这是什么灯笼呢?我们家的灯笼都是塑料的,一推开关就亮。""这灯笼是纸的,里面点蜡烛会不会烧着?"孩子们在元宵节的活动中看到纸灯笼后好奇地问道。孩子们的话也引起了我的思考,现在的孩子大部分都没有见过纸质灯笼,也没有像我们小时候一样,在元宵节的时候提着灯笼在胡同里挨家挨户地道喜,所以他们感到非常好奇。既然孩子们这么有兴趣,我考虑给他们一个助推力,让他们了解灯笼,了解中国的民俗传统。

自己寻找答案,了解灯笼

"这是纸质的灯笼,它还有许多的秘密是我们不知道的,我们一起来寻找答案吧!"我短短的一句话既解答了孩子们刚刚的提问,又向孩子们抛出了新的问题。"怎么寻找答案呢?""王老师,你告诉我们吧。"听到孩子们的话后我说道:"我希望你们自己来寻找答案。"听说要自己寻找答案,孩子们积极地讨论起来:"咱们上网找吧,网上肯定能找到纸灯笼的知识。""问爸爸妈妈或爷爷奶奶吧,他们小时候肯定玩过。"这些提议得到了全体孩子们的认可,孩子们纷纷利用网络或向家人询问的方式,寻找纸质灯笼的相关知识,并将自己寻找到的知识与图片打印出来,带到幼儿园与其他小朋友一起交流。

第二天,孩子们将自己找到的有关纸灯笼的知识带到了幼儿园,迫不及待地交流起来:"你看,纸灯笼有各种各样的形状,圆形的、方形的、龙形的。""我找到的这个很新奇,灯笼可以拉伸,不用的时候就压扁,用的时候拉开就成了。""看,这个灯笼上还贴着纸条,妈妈说这是猜灯谜!"通过相互交流,孩子们知道了纸灯笼的形状有方形、圆形和各种动物形状,纸灯笼有固定的、有可以拉伸的,而装饰灯笼的方法也很多,有绘画、剪纸、扎染等。孩子们在寻找灯笼式样的同时还了解到元宵节的相关知识,知道在元宵节有猜灯谜、看花灯、小朋友们提着灯笼走街串巷的习俗。

在这一环节中我什么都没有教孩子们,也没有带着孩子们一起观察什么,只是提出了一个问题,并请孩子们自己解决问题。就是这样一个简单的行为,充分地调动了孩子们的积极性,让孩子们的思维活跃起来,通过自主探究、亲自操作获取自己想要了解的问题的答案。

寻找材料,制作灯笼

孩子们在欣赏了这么多的灯笼后,发出了感叹:"我也好想有一个这样的灯笼。"听到孩子们的感叹,我又抛出了新的问题:"灯笼是怎样制作的?"这一问题沿着孩子们的兴趣提出,将活动又向前推进了一步。孩子们又积极地展开了相关资料的寻找,有的找来了制作视频,有的找来了制作图解。看到这些后,孩子们很有信心地说:"看阿姨做灯笼也不是很难嘛!"但是也有孩子发出疑问:"做灯笼的这些材料我们能找到吗?"

1. 利用身边的材料

"阿姨在做灯笼骨架时用的是竹棍,咱们也没有呀。""灯笼纸也有好多不同的,咱们要怎么找这些材料呀?"看到他们这么着急,我提出了建议:"看看能不能用咱们身边的材料、生活中的材料来代替呢?"于是,孩子们将目光放在了班级物品上,主要是美工区的废旧材料柜里。佩琪看见了一次性筷子后大喊道:"用一次性筷子做灯笼骨架,筷子可以代替竹棍!"清元说:"还有吸管,它也是直直的。"有孩子不同意:"吸管太软了!"这时其他孩子也有所发现:"咱们班有大张画画纸,可以在这上面画画。""这儿还有彩色画画纸,这样我们还可以做彩色的灯笼。""皮筋咱们班有好多,就在编皮筋手链的盒里。"孩子们分头寻找材料,很快材料就找齐了。

2. 多种方式绘制灯笼面

"先做什么?先做灯笼骨架,还是先画灯笼面?"孩子们通过投票决定先画灯笼面。但用什么形式画,孩子们有了争议,有的说要画丙烯画,有的说要画线描画,有的说要用剪纸装饰,有的说要用扎染的方式。这时我提出了建议:"其实用四种方法制作灯笼面也不错。"于是孩子们不再争论而是开始分组,谁想用什么形式就进哪个组。

3. 制作灯笼骨架

孩子们在制作灯笼骨架前先一起商量,要做什么形状的。有的说做方的,有

的说做小动物形状的,有的说做圆形的。这时睿睿说:"咱们应该先做最好做的,知道怎样做了,再做其他形状的。"睿睿的提议得到了全班小朋友的同意,他们一致认为方形的最好做,所以先做方形的。

第一次制作,漫不经心,没有成功

灯笼骨架的制作开始了,孩子们看视频中阿姨制作得又快又好,使他们觉得这一步应该会很轻松地就解决了。但是实际情况恰恰相反,这一步是制作灯笼最困难的。而基于孩子们一开始对这一环节的轻视,我决定对他们的制作过程采取观望的态度,让他们也受点挫折,使他们意识到有些事情并不是看起来那么简单。

孩子们分成4个小组制作,每组制作一个灯笼骨架。拿着一次性筷子和小皮筋他们研究了起来:"皮筋要捆住两根一次性筷子。""要捆在什么位置呀?""要做成个方块吧?""我们做着试试吧!"没有孩子要求再看看制作视频,也没人要看看制作步骤图,他们就这样自己做了起来。做的时候他们都遇到了自己解决不了的问题:有的组先用皮筋将两根筷子捆了起来,但是发现筷子有点往下掉,于是他们又研究皮筋为什么会往下掉。"是捆得不紧吗?""是捆的位置不对吗?是太往外了吗?"有的组做得较快,做成了一个方形,但是只是平面的。孩子们发愁:"这是平面的,如何能让它立起来呢?"有的组发现自己做的方形不是正的,总是歪歪扭扭的。这时,各个组的孩子们都拿着自己的灯笼骨架来找我:"王老师,我的这个怎么让它立起来呀?""我的这个总是歪,可怎么办呀?"

当孩子们找到我时,我问他们:"制作灯笼骨架很简单吗?"孩子们垂头丧气地说:"一点也不简单,特别难!"于是我又与孩子们讨论:"你们想一想可以用什么方法来解决你们遇到的问题呢?""王老师帮我们解决!""要不,我们自己看制作步骤图。""咱们仔细地看看视频,视频里好像都有。"

听到孩子的话后我想,是我直接教给孩子们方法呢,还是引导孩子仔细观看视频,自主学习制作方法呢?经过思考后,我决定还是让孩子们自主学习,我从旁边给予帮助,在制作的难点处给予解答。于是,我赞同了部分孩子的提议:"咱们一起来观看视频,再进行尝试吧!"

第二次制作，认真学习、不断尝试，终于成功

我在播放视频前，提出了几个问题，让孩子们带着问题观看，从而做到有重点地观看，进行思考与分析。

问题1：皮筋要怎么捆才能将筷子捆结实？

问题2：皮筋要捆在什么位置？

问题3：做方形的灯笼骨架需要几根筷子？立体的方形是怎样制作出来的？

在观看后，孩子们纷纷介绍自己的观看心得："可以用2根皮筋捆筷子。""我数了数，要用12根筷子。""皮筋在捆的时候，好像每捆一次都绕一次。""要想做成立体的方形，得做两个正方形，然后将它们上下连接起来就成了！"听到孩子们的交流，我知道孩子们刚才都用心看了，于是让孩子进行了第二次尝试。在制作的时候，孩子们边制作边讨论，遇到困难时，小组的孩子一同商量："不对，要捆在外面一点。""连接的时候上面一个筷子，下面一根筷子这样才结实。"孩子们就在不断地尝试、不断地调整中制作着，最终4组都制作出了立体的正方形骨架。

但是4组都有着同样的问题，就是骨架都有些歪、不太稳。而这都是因为皮筋捆的方法还是不太正确造成的。针对这个问题，我为孩子们示范皮筋绕捆的方法，皮筋要套在一根筷子上后，然后交叉绕一下，再捆在另一根筷子上，这样反复直到皮筋抻不动了为止。孩子们在观看了示范后，再次进行了制作。

经过多次的失败，再次尝试后，当第一个稳定、结实的灯笼骨架做好时，孩子们一起高兴地欢呼起来。这是孩子们自己从发现、研究、探索的过程中，体会到的成功的喜悦，孩子们制作灯笼的热情更为高涨了。当孩子们制作好自己的灯笼后，班里一下子就沸腾了："看，我的灯笼多漂亮！""我的灯笼是最好看的！""我要在我的灯笼里点上蜡烛。""我也可以拿着我的灯笼去找小朋友玩了。"

在充满好奇、欢乐的氛围中，孩子们通过亲自发现、探究、尝试，获得了成功的喜悦。作为教师的我们就是要激发幼儿自主发现的愿望，帮助他们在自主探究的过程中获得成功。在做灯笼的活动中，孩子们就是活动的主导者，教师就是辅助者，教师要及时地发现孩子对活动兴趣的走向，并在必要的时候给予助力，帮助孩子们将发现、探究的过程继续下去。

在孩子们对纸质灯笼感兴趣时，我能够及时抓住孩子们的兴趣点，引导他们不断地进行探究，从了解灯笼到观察各种各样的灯笼，孩子们的热情被调动起来，激发了幼儿想制作一个自己的灯笼的愿望。在绘制灯笼面的过程中,幼儿意见不统一,而每一个提议都非常好,这时就需要教师给予归纳、总结。在制作灯笼的过程中,我时刻关注孩子们的进展,发现他们遇到的困难,通过提问的形式适时地给予指导,"皮筋怎样捆才结实"等,让孩子们通过自己的观察、思考、分析,找出解决问题的方法,最终制作出独一无二的属于自己的灯笼。

自主游戏中实现幼儿的主动学习

游戏是孩子们的生活,是他们基于内在需要的选择,没有固定模式。游戏中儿童拥有绝对的选择权,无须承受超越自己能力的行动,是自由、自主的,不受活动以外的目标控制,其目的就在于游戏本身;儿童游戏的内容很丰富,处处都有游戏,处处都能感受,处处都有乐趣,所以孩子们乐此不疲,游戏成为幼儿充分感受体验、发挥自主性、发展多种能力的有效途径。

良好的参与兴趣可以激发儿童强烈的求知欲,然而要将兴趣产生的即时学习动力转化为幼儿主动学习的持久动力,还需要教师的有效支持。教师要做一位倾听者,通过倾听幼儿的心声,理解幼儿的生活,与幼儿产生心灵感应,以更好地帮助幼儿在探索互动中不断地成长。同时,教师必须积极加入到幼儿的活动中去,成为幼儿发现和探索过程中的共同参与者。教师还要随时注意观察幼儿,及时捕捉幼儿游戏中有价值的问题,然后再把问题"还"给幼儿,让他们"接过球",投入新一轮的思考、探索,从而让求知的动力持久,让幼儿的主动学习活动不断深入。

让游戏成为儿童最有兴趣的学习,在快乐的游戏中实现幼儿主动学习、快乐成长,是"至乐教育"理念下老师们不断的追求,一个个案例也使我们感受到教师在与幼儿互动时的乐趣、喜悦,也让我们逐渐了解了"抛接球"的艺术和智慧。

我的游戏我做主

王哲雅

小三班的孩子们特别喜欢娃娃家游戏，在游戏中他们扮演着家庭中不同的角色，洗衣、做饭、给宝宝讲故事、带宝宝看表演，孩子们玩得全情投入、不亦乐乎。最重要的是，娃娃家中所有的材料都是在孩子们的建议下添加的，如宝宝座椅、娃娃家的衣柜、洗手池……现在，就让我们走进小三班的娃娃家，一起去看看吧。

超市的诞生

开学初，园里为小班配置了超市用的玩具小推车。当我将小推车放到娃娃家的时候，孩子们开始纷纷议论："这个我在超市见过，我妈妈带我去超市的时候，我还坐在上面呢。""我也见过这个，在超市里可以推着它买东西。""我知道！我知道！这是超市用的小推车，我们可以推着它到超市买东西去。"……正当孩子们议论着小推车时，乐乐提出了一个问题："可是咱们班没有超市怎么办？咱们推着它去哪里买东西？"听了乐乐的话，孩子们停止了讨论。想想说："咱们去找维尼妈妈想想办法吧。"这时，娃娃家的小朋友们找到了我，于是便有了下面的对话：

维尼妈妈："那你们想怎么办呀？"

想想："要不我们开个超市吧，这样我们就可以推着小推车去买东西了。"

维尼妈妈："开超市可以，但是开在哪里？卖什么呀？"

乐乐："我去的华堂超市里什么都卖，有水果、饮料、菜，还有好吃的。"

琛琛："先别说卖什么了，我们还是先看看超市可以开在哪里吧，看看咱们班哪儿有地方。"

说完，孩子们开始在班里寻找地方，从活动室到寝室，孩子们都没有找到合适的位置。最后，孩子们想到了平时餐前活动的楼道了。地方确定了，孩子们开始讨论超市里卖什么。想想说："我去过华堂超市，华堂超市里什么都有，有水果，有菜，有饮料，还有好吃的呢。"婉煜说："那我们可以把娃娃家里的菜和水果放在超市里卖。""可以，可以！"孩子们纷纷表示同意。于是，孩子们开始一起准备超市的材料，有和老师一起搬柜子的，有到娃娃家拿东西的。在孩子们一起忙碌的过程中，小三班的超市开张了。

小超市开业了

对于超市的开业，孩子们都格外用心，因为超市是他们平时最喜欢的地方，那里有水果、点心、冰激凌，还有很多好吃的东西。因此，当娃娃家的小朋友向大家公布班里要开超市的时候，孩子们都开心地拍起手来。"太好了，我想去超市！"孩子们叫起来。"你想去超市买什么呢？"我问。"买好吃的。""买大苹果。""买酸奶。"孩子们七嘴八舌地说起来。看来，这些都是他们平时最喜欢吃的东西。"除了好吃的，超市里还有什么呢？"我又问。孩子们想了想，说："肥皂、洗衣粉。"有的说"牙刷、牙膏"，这些都是他们平时要用到的东西。于是，我们商量好将家中现有的物品分别带到班里，作为娃娃家的商品。

第二天，孩子们带来了五花八门的物品，牙膏盒、肥皂盒、食品包装袋……小超市被装得满满当当的。超市有了，可是，谁来卖东西呢？有人说："超市不用卖，自己挑就行。"有人说："我愿意收钱。"孩子们将生活经验总结出来，这让我看到了他们对生活的观察能力。经过商量，我们推选了收银员和促销员。小小超市第一天营业红红火火。孩子们自发的游戏需求得到了满足，同时对生活的了解也更进了一步。

我们也有自己的网店

这一天，娃娃家的孩子们在一起吃过饭后，扮演妈妈角色的米菲说："宝宝要洗澡睡觉了。"一旁的琛琛却说："没有澡盆，怎么给宝宝洗澡呀？"璇儿听到他们的对话以后凑过来说："咱们去超市买一个吧！"米菲说："我去了，超市说没有啊。"孩子们有点沮丧。这时候我走过去说:"你们需要什么?这个超市没有,可以去淘宝买啊!""对,上网买一个吧!我的铠甲勇士就是妈妈在淘宝上给我买的。"璇儿说。琛琛又提出了新的问题:"可是咱们又不会上网,怎么买呢?"璇儿说:"咱们可以找维尼妈妈帮忙,她有iPad,可以用iPad上网帮咱们买。"在接到孩子们的求助后,我将iPad带到了娃娃家,帮助孩子们登录了淘宝网,在娃娃家4名幼儿共同商量下,孩子们选中了一个蓝色的澡盆。老师付款后,孩子们欢呼着:"我们家终于有澡盆了!"

在孩子们的盼望下,第三天下午快递终于到了,孩子们一起到传达室将澡盆取回到了娃娃家中,大家一起动手拆快件,为澡盆充气。孩子们干得可带劲了,不一会儿澡盆就装好了。

有了孩子们自己挑选并安装的澡盆后,娃娃家的孩子们玩得更有兴趣了。他们玩起了给宝宝洗澡的游戏,孩子们模仿妈妈的样子,给宝宝打"浴液",认真地帮宝宝擦干净身上的"水",脸上露出满意的笑容。

在和小超市的小朋友共同商讨下,我们决定自己做一个微店,将班里小超市的商品拍照放到班级的微店中,这样不但能够让孩子们的游戏更加贴近真实的生活,还能够让小超市的经营更加多样。孩子们对于上网购物兴致勃勃,小超市和微店的生意也更加有趣红火。

现在的娃娃家和小商店真正成为了孩子们自由自主的小天地。在这片小天地里,他们发挥着自己的想象力,结合着自己对生活的观察和理解,娃娃家成为他们再现生活情境、与同伴交流合作、共同解决生活中问题的重要场所。在游戏中,孩子们真正体验到了"我的游戏我做主"的快乐。

彩带舞，表演区亮丽的风景

许 蓓

引子——备受冷落的表演区

表演区以前是小朋友们最喜欢的一个区域。随着时间的推移，我发现孩子们对逐渐扩大的娃娃家、材料丰富的建构区、每天都有变化的自然角兴趣十足，但是对表演区却很少光顾，表演区渐渐门庭冷落起来。即使我饶有兴致地介绍着刚刚投放的小手铃和新舞裙，但孩子们也只是过来看一看、试一试就走开了。为了了解孩子们不再喜欢表演区的原因，我与班里曾经很喜欢表演区的小朋友进行了交流，他们有的说："我喜欢表演区，但是我也喜欢娃娃家，我喜欢给娃娃做饭。"有的说："自然角的黄瓜快开花了，我想去自然角。"……看来，小班末期的幼儿不但对新鲜的事物感兴趣，而且随着年龄的增长，他们的需求也从对新鲜事物的好奇转变为有目的地进行探索了。看来，要想真正重燃孩子们对表演区的兴趣，我还要继续观察，找到真正能激发他们兴趣的事情，重新为表演区注入活力。

一鸣惊人——表演引发孩子们争相模仿

一天，笑笑的妈妈在微信中发的一条视频引起了我的注意。视频中，笑笑正舞动着彩带，时而上下挥动，时而旋转，体态舒展优美，投入的表情中透出她对舞彩带的喜爱和自信。"哇！真是太棒了，笑笑愿意给小朋友们表演一下吗？"我在微信中问。笑笑的妈妈回答："当然可以，笑笑说很愿意！"我想，这正是一个展示幼儿自信与天赋的好机会。况且彩带作为一个表演道具，不仅动态多变，还可以加入很多创意元素，说不定会让表演区重新活跃起来呢！

为了让笑笑能给大家呈现一个更为精彩和完整的表演，离园时间，我仔细询问了笑笑的妈妈，她是如何发现孩子表演彩带舞，又是怎样对孩子进行引导的，并且给出了建议。第一，让她与笑笑共同挑选一首表演的歌曲，因为音乐能够有效调动幼儿表演时候的情绪；第二，妈妈也参与到笑笑彩带舞的练习中，在共同练习的过程中，帮助孩子发现和总结彩带挥舞的方法和窍门。

几天后，笑笑将彩带带到班里。当音乐《芳草碧连天》响起时，笑笑手持彩带翩翩起舞。她时而旋转，时而上下挥舞，时而用彩带在空中画出一条美丽的彩虹，时而又将彩带快速地画出螺旋……孩子们专注地看着，同时也被眼前的美丽舞姿惊呆了。一曲结束，笑笑摆出了美丽的结束Pose，全班小朋友情不自禁地鼓起掌来。"谁想去试一试？"我趁着大家热情高涨的时候这样问，孩子们纷纷表示愿意。我说："彩带只有一条，是笑笑的，让笑笑决定吧。"笑笑环顾小朋友后，决定将彩带交给茜茜。同样的音乐、同样的彩带，音乐的前奏还没结束，彩带就缠到茜茜的身上了。起先孩子们说"是茜茜力气不够大"，"是茜茜老转圈，一转就缠住了"。可是接下来尝试的几位小朋友，即使加大了挥舞的力度，或者避免反复旋转的动作，竟然也遇到了相同的问题。为什么只有笑笑不会将彩带缠在身上呢？一时间，孩子们找不到原因了。为了保护孩子们探索的积极性，我鼓励他们，在区域活动的时候去表演区观察笑笑的动作，也可以在户外活动和生活环节与笑笑切磋技艺。果然，舞彩带的话题成为了孩子们关注的焦点。

发现问题——怎样让彩带挥舞起来

为了让更多的孩子们参与到尝试和探索中，我为孩子们购买了很多彩带，放进了表演区。因此，几天以来，到表演区活动的孩子们络绎不绝。有的孩子即使自己没有拿到彩带，也认真地在表演区当起了观众。笑笑则自然而然地变成了小老师，她将动作分解，逐一带着小朋友去做。个别孩子很快找到了感觉，但是大多数尝试的孩子仍然出现了纠缠和打结的现象。为了帮助孩子们找到问题的症结，并且知道如何发现动作的要领，区域活动时，我征得孩子们的同意，一会儿要和大家分享练习的结果和遇到的问题，请大家一起帮忙。

区域讲评的时候，我组织大家将活动室的桌椅推开，留出较大的场地。表演前，我先将问题抛给孩子们："刚才表演区里，很多小朋友都尝试了挥舞彩带，那么，挥舞彩带要用到身体的哪个部位呢？""手！"孩子们脱口而出。"还有哪里呢？"我接着问。孩子们对我的追问开始思索起来，有的说"身体"，有的说"胳膊""腿"……看来，他们并没有观察到彩带挥舞的真正奥秘。于是，我们带着"挥舞彩带到底哪个身体部位用力"的问题进行了对比观察。第一组小朋

友在音乐的伴随下用力去挥舞，但是由于手臂位置较低，并且只有手腕和肘关节带动彩带，因此出现了打结的现象。有的孩子虽然手伸得比较高，但由于不是整个手臂在挥舞，所以彩带在空中只能画出比较小的圆和螺旋，很容易被缠住。表演完毕，我们一起分析："他们哪里是最用力的呢？"孩子们有的说"手"，有的说"胳膊肘"。看来，他们终于找到了需要观察的身体部位。而另一组小朋友是由笑笑带领的，她们在音乐的伴随下整个胳膊挥舞着，彩带的手柄就像手臂的延长线一般，肩膀和大臂是力量的主要来源。一段音乐过后，彩带并没有出现打结的现象。表演完毕，孩子们争着说出自己观察到的不同，"我看到，笑笑用肩膀，也用胳膊肘了。""她们手腕没动。""她们画的是大圈！"我为孩子们能够这样细致入微地观察感到开心。笑笑自己总结道："我们用的是大臂和肩膀画大圈，所以不会缠上，刚才他们用的是小臂画小圈，所以容易缠上。"孩子们恍然大悟，纷纷点头表示同意。

看着孩子们的眼睛里闪烁着喜悦的光芒，我鼓励他们大胆地尝试，在不打结不缠绕的基础上做出更漂亮的动作。

实践与突破——不断发现问题，解决问题

经过孩子们的探索与尝试，彩带缠绕的问题初步得到了解决。表演区也持续被孩子们实践舞彩带的热情包围着，就连男孩子们也纷纷加入了舞蹈的队伍。我也应邀成为了他们专职的摄像师，帮他们将最美的舞姿和出现的问题记录下来，以便大家在观看照片和录像回放的时候，能够更清楚客观地看到自己的问题到底出在什么地方。在反复表演与相互提出修改意见的过程中，孩子们不仅能够巩固挥舞彩带的动作要领，提高语言表达能力，更重要的是能够从中看到其他人在探索实践中付出的努力和点滴的进步。在一次次的区域活动中，孩子们已经有了表演的意识，初步掌握了挥舞彩带的方法。

看似圆满解决了旧问题，却因孩子们过高的参与热情，导致新的问题不断地出现。这些问题，有些是由于孩子们的游戏习惯引发的，有些是在表演的过程中发现的。针对这些问题，我们支持和帮助孩子们自己想办法，引导他们积极思考，自己解决问题。

1. 为什么每次都轮不到我

一开始，表演区延续着最初笑笑自带彩带时制定的彩带轮流使用的规则。后来，我又购买了3根彩带，加上孩子们自己带的1根，一共才4根彩带，但每天来参加表演区活动的小朋友陆续有七八个之多，只能分组进行表演。第一组孩子表演完毕，就将自己手中的彩带交给等待表演的小朋友，大家轮流使用。这样做，原本可以培养幼儿等待、轮流使用的习惯，孩子们在观看过程中也能够看到并吸纳别人表演的一些优美动作。但是，有一天，图图的抗议引起了我的注意。图图说："他们都不给我彩带，为什么每次都轮不到我？"说完图图撅起了小嘴，对着墙生起气来。我首先认可他的情绪表达，安慰他说："我知道你很不开心，因为她们表演完没有把彩带交给你，对吧？"图图说："对！""你等了很多遍吗？"我又问。图图哭了起来："我都等了好多遍了，也没人给我！"看得出，孩子们在将手中心爱的彩带交给下一个人的时候，通常会选择自己喜欢的人或平时一起玩的好朋友。而图图的好朋友大多在建构区和玩具区，今天图图来到表演区游戏，并没有得到一直在表演区游戏的小朋友们的接纳。大家按照自己的喜好和习惯进行游戏，忽略了这位"新人"的感受。看到他们还在兴奋地一遍一遍地表演，我没有立刻召集他们讨论图图的问题，而是将图图出现的情况放在区域讲评时与大家分享交流。

起初，我将事件的经过描述给孩子们，孩子们一下子把矛头对准了表演区的小朋友："你们怎么不分享？""你们不应该欺负图图。"可是表演区的小朋友也很委屈，有的说"我和笑笑说好我用完了就给他"，有的说"图图上次也没给我玩小汽车"，还有的说"我是刚拿到的，他就哭了"。也有的孩子提出了不同的意见，他们说："图图可以先玩别的，一会儿人少了再去。"大家都努力地开动脑筋，想办法解决发生的问题。听完他们的话，我说："你们每个人说得都有自己的道理，但是区域活动是小朋友最开心的事情，怎样才能让每个去表演区的小朋友都用上彩带呢？"想法多的孩子首先站起来说："每个人先都玩一次，然后每个人再玩一次。"每说一个"一次"，他都用手指在空中画一个圈。我总结道："你的小脑筋转得真快，你是说每个小朋友都要尝试一遍以后，才能表演第二轮，对吗？"他点点头。大家纷纷表达着对这个问题的设想，有的说"谁表演过了，就让老师把名字记下来"，有的说"我把我们家的彩带也带来"，更有小朋友建议让老师多买一些彩带，这样每个人都有的用。对孩子们五花八门的想法，我表示认同。我想，他们已经开始关注进入到表演区的每一个人了，同时我也鼓励他们尝试自己的方法，争取让每个到表演区表演的小朋友都能够满意。与此同时，我购买了更多的彩带放在表演区。我知道这么多的彩带如果一起挥舞一定会遇到问题，就让孩子们自己去发现吧！

2. 地方不够大怎么办

有了更多的彩带，孩子们每个人都有了自己的道具，可以不用等待了。但是，事情进行得正如我所预料到的那样并不顺利。当几个小朋友一起挥舞彩带的时候，由于表演区面积有限，大家的彩带经常会缠绕在一起。这时候，有人提议说："老师，建构区能把桌子推开搭积木，你能帮我们把床推开吗？"孩子们能够迁移已有的经验，让我觉得他们确实长大了。"这可是个大工程，"我说，"我一个人可完不成，要不咱们一起推吧！""行！"孩子们痛快地答应了。

接下来的几天，孩子们每天吃完饭，就要在老师的带领和帮助下，将一张一张的床推到一边，留出更大的地方进行表演。"推床是个挺好的主意，但是，如果有一天老师很忙不能帮你们推床，你们怎么办呢？"我问。小康说："那我们就自己推。""我们不行，我们劲儿小！"有人抗议。"老师先帮我们，再去忙别的。"有人不想放弃老师的帮助。可是又有人说："老师要是生病来不了，我们就不能在表演区玩了。"要想发挥孩子们自主协调的能力，还是要放手让他们自己想办法。于是我说："今天我们玩一个蓓蓓老师没来上班的游戏，你们看看怎么解决场地的问题？"孩子们带着疑惑和思考答应了。

区域活动开始了，我躲在一边观察表演区的小朋友。起先他们像老师帮忙时一样，将第一排床推到一边，可是第二排却怎么也推不动了。有的孩子说："行了行了，就这样吧。"可是表演了一会儿，由于缠绕的问题频发，游戏只能被迫中止。孩子们想跑过来向我求助，笑笑提醒他们："蓓蓓老师今天没来。"初凝说："那笑笑不就是老师嘛！"笑笑说："我是老师。可我也没有劲儿了，要不就这么演吧，我去床后面看着你们跳。"初凝说："那我也去床后面看着。"听了笑笑和初凝的话，剩下的3名小朋友继续表演起来。初凝和笑笑虽然站在床边，但是在大家的带动下，渐渐地忘记了自己的角色，也在床边挥舞起彩带。大家像得到了启发一般，自动分开，站到卧室床与床的过道中间。这下，地方不够大的问题在他们的共同思考中得到了解决。孩子们自主解决问题的能力得到了提高，活动的主动性也被调动起来了。

3. 彩带舞怎么跳才好看

表演区的小朋友虽然积极性很高，但是由于每天去表演区的小朋友都不一样，大家没办法对班中所有喜欢彩带舞的小朋友的表演情况有所了解。有一些孩子即使有了好的动作和造型，也只有一部分小朋友能看到，如果放在区域中进行讲评，就需要花费大量的时间。怎么才能做到让孩子们及时了解其他人的表演情况呢？为此，我和班里想要展示自我的几个小朋友进行了专门的讨论。孩子们想到，以前我都用电脑给大家放他们表演的视频，便提议："老师把电脑放在外面，大家什么时候有时间就去看。"还有人建议："把你给我们拍的照片贴出来，大家就看到了。"我和他们共同挑选了班中靠近墙的一块地方，答应他们每当有一个不一样的造型时，就给他们拍下来贴在这里。至于动态的视频，我就放在电脑上面，大家都可以在想看的时候观看。照片展示区成了孩子们关注的焦点，尤其是当孩子们创造出一个新的造型时，都会引发其他人的争相观看和模仿。这大大激发了孩子们的自信心和创造的欲望。电脑里孩子们跳舞的视频也被大家反复观看。除此之外，我还将网上搜索到的有关彩带的艺术体操内容下载到电脑中，让孩子们在观看时丰富自己的想象，启发他们变换出不同的造型和队形。班中彩带舞的动作和造型逐渐变得更加灵动丰富起来。

表演展示——让孩子们的自信熠熠生辉

经过一段时间的反复表演，我发现孩子们动作的表现力越来越强了，使用彩带的方法也变得灵活而多变，从一开始的单一方向，到后来的前后、左右、上下多个方位，造型也从原先的模仿变得善于改变和创新了。孩子们的投入让我感动，更让我看到了孩子们身上巨大的潜能。

孩子们得到了身边小朋友的认可和老师的鼓励。我想引导他们走向更大的舞台，让孩子们的精彩表现得到更多的认可和鼓励。于是，我提议在升旗仪式结束的时候，给全体幼儿园小朋友进行一次彩带舞展示。这个提议并不是全体小朋友都认同。有的孩子明确表示不会上台，而是要当小观众。有的孩子则大胆地举手报名参加。我充分理解和尊重他们的选择，毕竟孩子们是有个体差异的。

经报名，班中有12名小朋友参与到了这次升旗后的表演中。那几天，他们每次区域活动时，都将活动地点改为了操场。就像在班中的寝室一样，他们自由站开，随音乐尽情舞蹈。有的孩子还在微信群中号召表演的小朋友一起穿裙子。

几天时间很快就过去了，升旗仪式那一天，所有孩子都看到了他们努力挥舞着彩带，一条条五颜六色的彩带在春天的阳光下画出一条条绚丽的彩虹。孩子们脸上自信的微笑熠熠生辉。每个人的舞蹈动作看上去简简单单，却都凝结着孩子们的汗水与智慧。看着孩子们稚嫩的舞蹈动作,我想到的是孩子们在遇到问题时的百折不挠。他们经历了从初次见到彩带舞的惊艳,到多次努力尝试的失败与成功,以及在表演区中的摩擦与碰撞,不但体验到了成功的喜悦,感受到了与同伴交流时的快乐,还学会了在群体活动中如何照顾他人的感受,如何迁移已有的经验,如何展现自己的优势。这些成长中重要的品质和经验,才是他们一生中最重要的收获。

快乐的小舞台

许 蓓

区域活动开始了,班里几名女孩子走进了表演区。笑笑选择了一条粉色亮片裙兴高采烈地穿在身上,然后对我说:"老师,帮我们放一下音乐好吗?""当然可以。"我走到电脑旁边。"你们想要哪首音乐呢?"我问。"就要……《小红帽》。"笑笑说。"其他小朋友也同意吗?"大家点点头表示同意。音乐响起,孩子们旋转、跳跃、翩翩起舞。音乐一首接一首地播放,笑笑也越跳越起劲儿。她忽而挥舞纱巾,忽而灵动地跳跃;忽而蹲下,忽而又像小鸟一样高高地起飞……小观众们都看呆了,惊呼:"笑笑真棒!""笑笑跳得太好了!"……笑笑听到小朋友的鼓励和肯定,跳得更带劲儿了。区域活动结束的时候,笑笑已经跳得小脸红扑扑的,出了一身汗。

区域讲评的时候,我将笑笑叫到前面,让她跟小朋友分享跳舞的感觉,并给全班小朋友进行了展示。在展示的过程中,笑笑自信大胆的表演获得了全班小朋友一致的掌声。笑笑说:"跳舞太开心了,我每天都要去表演区跳舞!"

表演区是大家的

由于受到了小朋友的一致肯定,笑笑表演的劲头儿更足了。她的舞蹈动作越来越丰富,在表演中表情陶醉,仿佛自己真的是一名舞蹈演员,正对着台下成千上万的观众进行精彩地表演。笑笑的表演引发了班级幼儿的"追捧",表演区也在她的带动下,成为班里最受欢迎的区域之一。可是笑笑却对大家的热情不太领情,每次有人要求和她一起跳舞的时候,笑笑总是说:"我想自己跳。"为了了解笑笑内心的想法,我和她进行了交流。我问:"笑笑,你为什么不愿意和小朋友一起表演呢?"笑笑说:"他们都不会跳。""也就是说,你觉得他们没有你跳得好,对吗?"笑笑点点头。我说:"表演区是咱们大家的,你想想怎么能让大家都有表演的机会呢?"笑笑想了想说:"我跳一个,他们再跳,或者他们先跳,我再跳。"我表扬她学会分享舞台和表演的机会了。我接着问:"在表演区,如果小朋友们不会跳,你有什么好办法帮助他们吗?"笑笑说:"我可以教他们。"接下来的几天,笑笑每次都能轮流和小朋友进行表演,还邀请小朋友和她一起跳舞。

表演区游戏是幼儿最喜欢的区域活动之一,因为在活动区中,孩子们能够穿上漂亮的衣服,拿着可爱的道具和乐器,听着喜欢的音乐,高兴地手舞足蹈。在表演区活动中,我发现,教师和幼儿之间的相互鼓励,会让活动区幼儿的表演更加自信、自如,并学会分享、轮流,还能大大增强音乐的感受力。

开办"笑笑表演工作室"

孩子们体验到舞蹈的乐趣,更多小朋友都想和笑笑一起学习舞蹈。兜兜说:"笑笑,我也想和你一起跳舞!"吉吉说:"我也想和笑笑一起跳舞。"就连平时稍微内向的小布丁也提出了请求。怎么办呢?小朋友们和笑笑经过商量,在表演区开办了"笑笑表演工作室"。工作室每周开放一次,在这里,笑笑自己制定规则,自己选择音乐,自己招募愿意参加舞蹈学习的"小演员",于是工作室红红火火地开张了。

一段时间里,班里的许多小朋友都参与到了笑笑主持的舞蹈学习中。在模仿、学习的过程中,笑笑自己的舞蹈动作也逐渐变得更加丰富,小朋友们也从笑笑身上学到了很多极具创意的想法和造型。

我们的原创音乐剧

随着班中主题活动"一园青菜成了精"的开展,孩子们的表演欲望越来越强烈了。为了契合孩子们表演的方向和兴趣,我为孩子们录制了原创音乐《芹菜之歌》《西红柿之歌》《菠菜之歌》以及《我和蔬菜做朋友》,孩子们对歌曲非常喜爱。笑笑和她工作室的小伙伴们主动承担了音乐剧的编排工作。

在笑笑的带领下,小朋友们一板一眼地表演着圆圆胖胖的西红柿的动作,模仿小芹菜红嘴绿鹦哥的样子,他们甚至给每一句歌词都配上了动作。表演的时候,孩子们的动作虽然不尽相同,但是都充满了童趣。当孩子们将所有的歌曲都编排好动作之后,我们在班里进行了一次集体表演。每个小朋友根据自己的喜好,表演不同的小蔬菜。表演结束后,我和孩子们共同评选出最佳小演员,并进行颁奖。评选活动受到了孩子们的强烈关注,他们都争先恐后地去表演区进行表演,争取将最好的一面展示给大家，就连平时对表演区不怎么感兴趣的男孩子们也加入到了表演的行列中。

表演区是孩子们展现天性、童真，释放快乐的区角。在表演区活动中，我们给予幼儿充分的空间和信任，让孩子们在表演区快乐地唱着、跳着，让表演区成为孩子们快乐的小舞台。

我爱饼干

许 蓓

饼干工坊初建成

区域活动是孩子们最喜欢的活动之一，在区域活动中，孩子们自由选择、自主游戏，在与同伴相互交往的过程中获得快乐和发展。

今天，茜茜来到美工区游戏，她选择了橡皮泥，将一块粉红色的彩泥团圆、压扁，并用黄色和蓝色的彩泥在上面进行装饰。她一边做一边说："我加一点蓝莓酱，我再加一点香草精。"茜茜的自言自语引来了美工区的其他小朋友，大家都围着茜茜问："你在做什么呀？""我在做曲奇饼干呀！"茜茜骄傲地说。听到茜茜做了曲奇饼干，小朋友们更兴奋了。争着说："我和你一起做可以吗？""我也要。"……茜茜得意地频频点头说："可以！可以！"于是，我帮想做饼干的小朋友将几张桌子拼在一起。茜茜边说边做，有模有样地指导小朋友们将彩泥团球、压扁做成一块块曲奇饼干。美工区变成了一座大厨房。

饼干模子来帮忙

"茜茜的饼干工坊"开业了，刚开始的几天前来做饼干的人络绎不绝，慢慢地人却少了。这一天，美工区中只有茜茜和月月在做饼干。我问茜茜："怎么来做饼干的人少了呢？"茜茜说："他们都不爱做了。"我问："为什么不爱做呢？是因为他们学不会吗？"茜茜说："不是，他们都学会了，他们现在就是不喜欢了。"我想了想说："我们要尊重其他小朋友的选择，你有什么好办法吸引小朋友和你一起做饼干呢？"茜茜说："我也没有办法，我只会做这个饼干。"说完她沮丧地低下了头。我拍拍自己的胸脯说："我有好办法，你想不想知道？"茜茜抬头看着我，两眼放光："真的吗？"我趴在她耳边悄悄地说了几句，茜茜笑着点点头。

第二天，我和茜茜从家中带来了做饼干的小模子。茜茜在饼干工坊中用模子工具做饼干。先将彩泥团压成平片，再将模子扣在彩泥上面，将周围多余的去掉，哇，一块漂亮的造型饼干就做出来了！孩子们将装饰蛋糕用的糖霜和彩色珠子装饰在饼干上。闻一闻，真香！看一看，真美！茜茜的饼干工坊生意又红火起来。大家都说："彩泥饼干真漂亮！"

加入了工具和辅助材料，彩泥活动变得更加丰富和富有变化，孩子们在其中体验到了制作的乐趣。

自己做的饼干真好吃

一天，茜茜委屈地告诉我："多多说我做的饼干不怎么样！"我问："为什么呀？"茜茜转述："多多说，又不能吃！"我明白了，孩子们已经不满足用彩泥做饼干了，他们更希望能够走进生活，做真正能吃的饼干。怎样满足孩子们的愿望呢？我通过班级微信圈发出了招募烘焙高手的启事，并讲清了活动的缘由和目的，几位妈妈积极响应。考虑到孩子们的年龄特点，同时为了让孩子们获得成功，我和妈妈们共同探讨，选择了和孩子们共同制作成功率高的玛格丽特小饼。

做饼干的活动一经公布，孩子们就高兴地拍起手来。家长们更是跃跃欲试，争相报名参与做饼干的活动。短暂的准备后，活动在大家的期盼中开始了！首先由茜茜和妈妈共同展示了做饼干的方法，下面的家长和小朋友看得认真，记得仔细。展示过后，大家一起动手做起饼干来。孩子们捏面团、打鸡蛋，闻着香喷喷的黄油，幻想着饼干出炉的样子。孩子们将以前做橡皮泥饼干的本领迁移到真实的做饼干活动中，揉面、用模子、装饰、放入烤盘……很快，屋子里面就飘满了饼干的香气。品尝着自己制作的饼干，孩子们和家长们的脸上洋溢着幸福的笑容。饼干一炉接一炉，小朋友们将制作的饼干用保鲜盒装好带回家，与家人共同分享自己的劳动成果，分享着成功带来的喜悦！

在生活化的活动中，孩子们的动手能力得到了进一步的提高。与此同时，在活动中感受着自己动手的乐趣，体验着成功的喜悦！

"我家的味道"分享会

做饼干后的一段时间里,孩子们都沉浸在活动的快乐中。尤其是作为小老师的茜茜,自信心大增。其他孩子也纷纷谈论着自己家中的美味。为了提高每个孩子的自信,让孩子们知道每个家庭都有自己独特的味道,我和孩子、家长们商量举办一个"我家的味道"自制点心分享会。

孩子们回家后和家长们精心设计、用心准备。我们约定好周四大家一起将自己家的美味带来共同分享。

周四一大早,孩子们就用一个个小饭盒将自己和爸爸妈妈共同制作的小点心带到幼儿园来了。加餐时间到了,孩子们将自己的小餐盒打开,和周围的小伙伴一同分享。宽宽用自己的南瓜脸小薯饼交换了八一的香草凤尾虾球,多多把自己和妈妈共同制作的笑脸蛋挞分给了幼儿园的好朋友,楚凝带的小蛋糕上有自己动手挤出的奶油花……孩子们看着大家将自己带来的食物吃光后满足的表情,成就感倍增。

真正的教育正是来自于生活。小小的橡皮泥引发了幼儿制作饼干、品尝美味,学会分享、学会感恩,在温馨的亲子和班级氛围中小班的小朋友体验着集体生活的快乐。

小小图书馆

吴 琼

班里的阅读区有很多好看的图书,书架上除了幼儿园提供的图书以外,还有一部分是孩子们带来的。每天来园时,孩子们都会带来自己喜欢的图书,离园时再带回家。这样,每天都会有新书,吸引孩子来选择自己喜欢的图书看。

开办图书馆

晚上离园前,瞳瞳找到琪琪,用商量的口吻说:"琪琪,你这本书我还没看完,借给我回家看看好吗?"琪琪爽快地点了点头说:"好的,没问题!不过,你看完了别忘记还给我哦。"李启瑞拿着自己的书对周明煜说:"我用我这本书跟你换行吗?咱俩换着看,明天我再给你拿回来。"周明煜拿着李启瑞手里的书美滋滋地看着。小朋友们积极踊跃地向同伴借自己喜欢的图书拿回家看。

图书的相互借阅,也引发了一些小问题:几个小朋友围着琪琪都要借她的《叮当猫》,琪琪都不知道该借给谁了,显出一副左右为难的样子。还有小朋友说:"我把书借给陈婷,可她的新书不借给我!"这一系列的小问题,让很多小朋友开始苦恼。我提出了一个问题:"我们有没有什么好的办法,能让小朋友借书时更有秩序一点呢?"小朋友们你一言我一语地讨论着。李启瑞站起来对我说:"老师,咱们可以做个借书证,我姐姐就有一个借书证,可以从他们学校借书用。"董庆达也站起来说:"吴老师,要不这样吧,我们把书都放在一个地方,弄成一个图书馆的样子,大家拿借书证借书!"我继续追问:"那小朋友拿着借书证,就直接去咱们的图书馆拿一本书就走吗?"唐梓程连忙站起来说:"图书

馆应该有管理员的，要不然大家都把书拿走了，还是会很乱的！"刘子赫自告奋勇地站起来："老师，我想当管理员。"陆陆续续有好多小朋友站起来争着抢着去当图书管理员。多多说："别抢了，我们可以轮流当管理员，一人一天，这样公平。"其他小朋友听到这个建议，纷纷点头称赞。

图书的管理有点乱

开始借阅的第一天，小小图书馆就挤满了小朋友，有的借这本，有的借那本，真是热闹极了。可是没过几天，唐梓程不高兴了，他看着图书馆的书架说："我的书好几天都没还回来，小朋友是不是不还回来了？"李启瑞也拿着自己的书说："我的书上被乱画了，书弄得特别脏。"高澳拎起书的一页说："我的这本新书被撕坏了，怎么办？"看到这些情况，我询问了当天的图书管理员："这几天都有谁来借书了？一共借出去多少本书？"作为管理员的张语瞳和董庆达摇摇头，都说不知道。

参观图书馆

图书馆应该是什么样子的呢？董庆达说："我上周刚去过图书馆，那里还需要刷卡呢，进去以后可以从那里面拿书看，人可多了。"张哲源走过来说："我妈妈这周六说要带我去图书馆呢，你们去吗？"陈婷说："我也想去！"张哲源说："你跟你妈妈说说，咱们约个时间一起进去吧！"小朋友们自发组织起了小分队，准备去图书馆看一看。于是我提议："小朋友们一起去图书馆，我们一起去看看图书馆里面都有什么，图书管理员都做些什么。"

到了周末，孩子们都在爸爸妈妈的陪同下来到了相约好的图书馆。见面之后，他们就像欢快的小鸟一样，叽叽喳喳聊个不停。我们一起走进了图书馆，刚刚还兴奋不已的小朋友们，进去之后被那种安静的气氛所感染，都好奇地环顾着四周。我们带着问题走进了图书馆。在家长的陪同下，我们顺利地参观了儿童阅览室、书库、成人阅览室等，在一旁的工作人员还给我们讲解了图书的分类，如何查找图书，怎样借书以及在阅览室看书的规则等。了解之后，孩子们都进入了儿童阅览室，每人都去借阅自己感兴趣的图书进行阅读。

中班

小小图书馆正式运营了

　　孩子们回到幼儿园后开始讨论：图书馆里的人是怎样借阅图书的呢？大牛说："我看到，借书要有借书证的，证上有名字和照片。"多多说："要把借书证给管理员叔叔，才能去借书。"睿睿说："一个人一次只能借一本书，管理员叔叔在电脑上记下来。"我问："我们应该怎么办，才能像图书馆那样呢？"孩子们都积极想办法，设计借书证；把爱护图书的规则画下来，张贴在阅读区的墙上；设计借阅记录表；借书时间不能超过三天等。随着借阅活动的开展，孩子们发现借阅人多，管理员忙不过来。多多看着我说："老师，这里人太多了，小朋友都挤在这里，我们都忙死了。"在里面负责整理书籍的罗熙涵也着急地说："老师，这些书有点乱，我们给它们分分类吧！"我们坐在一起商讨着，面对这些问题，该怎么办呢？陈婷给出建议："要不我们分组借书吧！每天小朋友都来借书，人太多了。"大牛接着说："我们家的书，我妈妈都给放在几个箱子里，有的放故事书，有的放学习用的书，还有的放我的迷宫书，这样我想看的书都知道放在哪儿了。咱们也可以用箱子给书分一分类。"由于这些规则是孩子们自己制定的，因此在借阅活动中，他们很愿意自觉遵守，小小图书馆成了孩子们特别爱去的地方。

　　幼儿的规则意识是在生活、游戏中得到发展的，规则与幼儿的生活和学习紧密相连。幼儿从小班开始，就学习遵守成人制定的规则，并能服从和执行了。中班幼儿的社会活动经验丰富了，游戏的内容也大大增加了。案例中，孩子们从喜欢看书，发展到了有相互借书分享的需求了，但因没有规则而产生了一系列的问题，于是就产生了建立规则的需要。当教师引导他们自己来建立规则以解决问题时，孩子们给予了积极的呼应，并积极地参与。由于幼儿游戏是多样化的，随时都在发展和变化，因此许多游戏规则不是预先制定好的，游戏中产生的冲突是幼儿学习自律的潜在机会。案例中，教师用民主的态度，引导幼儿运用了交换、协商、讨论、合作等方式制定出了一系列自律的行为规则，并多次进行调整。这些规则不是教师强行规定的，而是幼儿根据自己的意愿制定的。同时，教师还注意引导孩子体会"规则是为更好地生活而服务的"基本原理。这些对促进幼儿自律意识的发展有着重要的价值。

真实材料带给儿童的变化

张燕苹

《指南》中指出,为幼儿创设自由、自主的游戏空间,支持幼儿自主的游戏。为了使每个孩子能够自由、自主地选择喜欢的游戏,我们对区域进行了调整。首先,考虑到去娃娃家游戏的孩子人数较多,我们扩大了孩子们游戏的范围,使幼儿能够真正地玩起来……

片段一:一天,陈羿辰在娃娃家当妈妈给家人做饭,她拿出一根黄瓜,用刀费力地切着,从一端一刀刀地切向另一端。一旁的叶亦晨也对着一个茄子卖力地切着,切了几下,放进了锅里,拿到灶台上开始翻炒。不一会儿,他把茄子放到了一个盘子里,菜做好了。他端着做好的茄子,走去给照看娃娃的嘟嘟。嘟嘟从柜子里拿来一个勺子,开始喂宝宝吃。她费力地用勺子盛了几下,都没有盛起来,最后好不容易盛起来了,还没喂到宝宝嘴边,就掉下去了。她捡起掉在地上的茄子,放进了盘子里,重新用勺子盛起来……

片段二:沈放在娃娃家拿着一根黄瓜费劲地切着,边切边对旁边的小朋友说:"这根黄瓜切不动啊?"说完走去美工区,拿出一块绿色的纸黏土,揉了几下放在桌上,用刀开始切起来。不一会儿,他开心地说:"看,黄瓜切好了。"

教师反思:

通过观察孩子们切蔬菜,我反思到,在娃娃家中,孩子们会创造出个各种各样的角色游戏,他们扮演着爸爸妈妈的角色,做着照顾娃娃、买菜做饭、整理房间等活动。游戏在使幼儿享受乐趣、享受天性、自由欢畅的同时,也能自发地促进幼儿身体、认知、情感和社会性等方面的发展。但是我们为幼儿提供的一般都是假蔬菜、假水果,假餐具……那么在切、做、喂这些最基本的游戏过程中,孩子们就失去了生活本身的样子,失去了娃娃家应使幼儿获得生活体验的机会。那么,怎样才能使娃娃家发挥应有的教育价值,促进孩子的发展呢?既然孩子那么喜欢做饭,何不为他们提供真实的、生活化、操作化的游戏材料呢?那样孩子们在操作过程中,既体验到了生活,又锻炼了生活技能,何乐而不为呢?

第二天,我又来到娃娃家观察孩子们的游戏。与以往不同的是,我打算带着"礼物"参与到他们的游戏中去。果真,扮演妈妈的武静琪也在做饭,她同样也在用刀努力地切着那根假黄瓜。看着她这么卖力的样子,我拿起电话假装给娃娃家打电话:"喂,我是张老师,我找一下妈妈。"接电话的是在娃娃家扮演哥哥的吴正祺,他把电话递给了武静琪。"喂,是妈妈吗?我是张老师,我一会儿去你家做客吃饭,我带点什么蔬菜去你家?"武静琪边听电话,边看向我,笑着说:"我们要做水果沙拉。"我点了点头说:"那你需要什么水果呢?"她思考了一下,说:"香蕉、苹果吧。""好,没问题,要几个?""一个苹果、两根香蕉。""好,我马上去超市买,一会儿见。"挂了电话,武静琪笑着对娃娃家的其他小朋友说:"一会儿张老师来咱们家做客吃饭,她去超市给咱们买香蕉和苹果去了。"我快速地跑去食堂,拿来了两根香蕉、一个苹果、一根黄瓜放进了一个袋子里,走到娃娃家门前敲门。吴正祺赶紧过来给我开了门。"这是你们要的苹果和香蕉,今天超市的黄瓜很新鲜,我还多买了一根黄瓜。我们今天吃什么呢?"看着我把袋子里的东西掏出来,他们早已把注意力全放在了袋子里的东西上,没人理我。"哇,是真的香蕉呀!"吴正祺瞪大眼睛,用极其夸张的表情惊讶地说着。"哈哈,还有真的苹果和黄瓜呢!"武静琪和孙晞然也纷纷惊讶地说着。孩子们凝视着我:"张老师,你给我们买的是真的呀?""当然了,那你们准备给我做什么好吃的呢?""我做水果沙拉。"武静琪拿起一根香蕉说着。吴正祺看香蕉已经被拿走了,快速地拿起苹果说:"那我也要做水果沙拉。"说完,他们把买来的蔬果全分了。武静琪把香蕉皮剥下去,放在面板上,用刀一下下切起来。这时吴正祺走过来说:"怎么没有刀了?"武静琪回头说:"等我用完,给你吧。"就这样,武静琪把整根香蕉切完,放在了一个盘子里,把刀递给了吴正祺。吴正祺把苹果放在了面板上,两只手握着刀柄用力地切着,切了几下苹果都跑掉了。"咦,怎么老跑呢?"武静琪手比画着说:"你得用手这样扶着。"吴正祺用一只手扶着,另一只手握着刀柄,试着先轻轻切了一下,抬起头来,看了一眼,又切下去,上下来回用刀蹭起来,"切开了,切开了!"吴正祺高兴地指着被划开口的苹果说着。接着,他继续用力地上下来回用刀蹭着切,并一边切着一边发出"咦呀"使劲的声音。终于把苹果切成了一大一小两半。武静琪试探地问:"我帮你切吧?"吴正祺把刀向自己这边一晃说:"不用,我自己会切。"看着武静琪焦急的等待,我又拿出另一把刀递给她。两人开始自顾自地切着。一会儿一盘被切成小块的水果做好了,武静琪用勺子拌了几下,端过来说:"张老师,水果沙拉做好了。""太棒了，我们一起吃吧。"娃娃家的孩子们拿过小盘子、小勺子假装吃了起来。

教师反思：

> 在上述游戏中，正是由于教师观察到了孩子的需要，并用恰当的方式提供幼儿所需的材料，支持了幼儿的游戏，使幼儿在玩做水果沙拉的过程中，不仅体验到了做菜的乐趣，又从中获得了如何使用刀去切不同类型水果的经验，真正使幼儿在游戏中获得了发展。《指南》中指出幼儿园在布置娃娃家、商店等活动区时，多提供原材料和半成品，让幼儿有更多机会参与制作活动。教师提供的材料越真实越贴近生活，孩子们创造出的游戏情境越丰富、越真实，也更有利于孩子们在游戏中获得生活的经验，从而得到发展。

小课堂，大天地

段文谢

范路杨是个安静的孩子，平时喜欢看书、拼插插片、玩翻绳……他爱自己琢磨，不怎么主动表达。这天的区域活动时间，我发现和平常不太一样，一群小朋友围着范路杨，范路杨正眉飞色舞地向小朋友们讲述着什么，一边讲一边做着手势，他是那么的神采飞扬。我走近一听，原来范路杨在艺术区制作了一条鲨鱼，惟妙惟肖，艺术区的小朋友们都为他鼓掌，围着他想向他学习。艺术区的欢呼声引来了全班小朋友驻足观看，并激发了更多小朋友的学习愿望。

这引起了我的思考，范路杨平时不善于主动表达，但并不代表他没有表达的愿望和能力。今天他的表现说明了其实他也有展示自我的愿望。作为教师，我该怎么支持孩子，如何介入呢？这时，我想到了我们园的"至乐教育"理念"让儿童按照自己的内在节律起舞"，教师是孩子的支持者，我们应该帮助每个孩子成为他最想成为的样子。为了满足孩子们学习的需要，同时利用这难得的机会给范路杨搭建一个展示自己的舞台，我决定将接下来的时间交给范路杨，让他带着小朋友们一起制作"鲨鱼"。当我把这个决定告诉小朋友们时，他们高兴得欢呼起来。在老师和小朋友的鼓励下，范路杨也决定尝试这一个任务。开始时，范路杨还有些不自在，但是随着讲到自己熟悉的大鲨鱼，范路杨的声音越来越大，越来越自信，他有模有样地当起了小老师。

自从带领小朋友们制作"鲨鱼"后，我发现范路杨更爱到艺术区了。每隔一段时间，他都会有新的创造，今天做纸黏土鳄鱼，明天画虎鲸，后天又创作巨枪乌贼。每次他的作品都非常传神，赢得了小朋友们的称赞。听到小朋友的赞美，范路杨美美地笑了。看到范路杨的笑脸，我在想，真诚的赞美能给人信心，也许我应该给范路杨搭建更大的舞台。于是，我请范路杨收集自己的作品，为他举办了"范路阳的海底世界"个人展。看到他的作品，大家为他的创造而赞叹，也为这个一直安静的大个子而鼓掌。

个人展览让范路杨发现了自己的价值，让他变得主动、自信了，也让小朋友认识了安静的范路杨的另一面。经常可以看见他和小朋友在艺术区相互切磋的场景，小朋友们纷纷向他发出邀请："明天我和你一起做鳄鱼，好吗？""你能告诉我为什么你做的虎鲸这么像吗？"……孩子们的行为给了我启示，强调资源整合正是"至乐教育"课程的特点之一，为何不把范路杨的个体经验作为丰富孩子们的课程资源呢？为范路杨开设"乐学互动小课堂"的计划在我的心中初步形成。

　　为了解"乐学互动小课堂"的可行性，我开始了对范路杨有目的地观察。通过观察，我发现范路杨的创作内容都是海洋生物，而且他对海洋生物有非常多的了解。每次他和其他小朋友分享自己的创作经验时，不仅向大家介绍海洋生物的外形特点，还详细讲它们的特点、生活习性等。我还和范路杨的妈妈进行了沟通，他妈妈说范路杨非常喜欢海洋动物，每天都要看一集动画片《海底小纵队》，还要求妈妈给他买来了《海洋动物百科》，北京、天津、青岛等各地的海洋馆他都去过。经过调查，我对开展"乐学互动小课堂"更有信心了。我又和范路杨进行了沟通，询问范路杨的意愿，范路杨非常乐意。于是，"范路杨的海洋动物互动小课堂"就开展起来了。

　　活动初期，范路杨根据小朋友的预约，提前发布"小课堂"的时间和内容，感兴趣的小朋友当天区域活动时间就可以去一起活动。随着"小课堂"的开展，小朋友们提出了新的要求，希望能够看到这些海洋动物的真实样子，于是海洋动物图片集、iPad资源包就产生了。"小课堂"开展得如火如荼，小朋友们又提出希望可以反复学习的愿望，于是"小课堂"微视频应运而生，小朋友们可以通过微视频随时学习自己感兴趣的内容。

　　现在的范路杨发生了很大变化，他喜欢和小朋友一起制作海洋生物，喜欢和大家讨论它们的故事，他也变得更加主动、积极了。继"海洋动物互动小课堂"之后，我们还生成了"翻绳互动小课堂""插片互动小课堂"……一个个小课堂成就了一个个孩子，快乐、兴奋、好奇洋溢在每个孩子的脸上，也荡漾在我的心中，让我体会到了和孩子一起成长的幸福。

　　"小课堂"这一小小举措，让我真正感受到了"至乐教育"所倡导的"寻常时刻的价值"。如果我们教师能抓住每个小小的机会，尊重孩子的兴趣，满足孩子的需要，给予每个孩子展现自己的机会，那么每个孩子都能展开他们最美丽的翅膀，成就他们心中最好的自己。

百变商店，自主成长

左晶伟

新学期一开始，班中的商店在孩子们的期盼中又恢复了营业！根据孩子们的兴趣需要，班中准备了大量的学习用品：各种橡皮、不同图案的尺子、铅笔，以及女孩子们喜欢的漂亮发饰及小饰品。开张初期商店生意甚是红火，随着时间的流逝，孩子们渐渐不爱去商店了。为什么呢？我询问孩子们的想法。孩子们说："老师，咱们商店的学习用品我们都已经有了，还没有用完，应该再添加一些新的玩具。""对，每次来逛商店都是这些铅笔、橡皮什么的，我都不爱逛了！""这些东西我现在不喜欢了！"孩子们七嘴八舌地开始议论。

孩子们的回答，深深地触动了我。的确，商店中的物品不能长时间地满足孩子们的购物欲望，导致商店的顾客越来越少。"那么如何投放材料才能满足孩子们的需要？怎样支持和推动孩子们的游戏？"带着这样的疑问，我开始了尝试和探索……

我的需要，我做主

作为教师，我们要满足幼儿的需求，但是幼儿有哪些需求？怎么了解幼儿需求？这是我首先考虑到的。同时作为幼儿游戏的参与者、合作者，怎样才能参与到孩子当中，又能充分地调动孩子们的积极性，让活动成为幼儿真正自主的活动？这是我考虑的第二点。在不断地推敲与思考中我有了答案。

又一次区域活动时，我将"商店的商品顾客不喜欢，导致顾客减少"这一问题交给了当时商店的售货员维维。当我的问题提出后，维维愁容满面，想了一会儿，他说："我要和我的弟兄们商量一下，明天告诉你们行吗？"接下来的一天时间里，我悄悄观察着维维，发现他不时地拉着几个小朋友，在商量解决的办法。"我们可以制作一些小手工放在商店去卖。""降低一下商店里东西的价格，便宜一点，小朋友们就愿意去买了。""准备一些其他的东西"……孩子们的想法各不相同，在协商的过程中，一次次冒出新的想法，一些想法又不断地被推翻。

我们的决定，老师的支持

在维维的带动下，经过全班小朋友的共同协商，最终孩子们确定了解决方案：可以将自己家里不玩的玩具带来，定好价格，贴好价签，由商店售货员代卖。孩子们想出这样的办法，源于中班时候开展的"跳蚤市场"的活动。孩子们基于已有经验提出的解决方法让班中的老师都很惊喜。这个方法既满足了孩子们的购物欲望，又可以做到资源共享。如此合理的决定，作为老师怎能不答应呢？我用力地向孩子们竖起了大拇指！"你们真的是太棒了！想到了这么一个两全其美的好方法！"得到了老师的支持与赞扬，孩子们喜笑颜开，倍加欢喜。

成为小主人后的快乐

商店代卖玩具的消息一经发布，孩子们纷纷响应，带来了叮当猫、小皇冠、遥控汽车、会说话的玩具狗等多种玩具，两天的时间，商店的玩具架被堆得满满的。

餐前活动的时间，维维和博伦一直在商店里忙碌，我轻轻地走到商店的门口，"老师，小朋友们带的玩具太多了、太乱了，如果这样的话，明天的商店没法开了，所以我们要把这些玩具摆一摆，这样，明天来商店的客人才能买到东西，也方便他们挑！""你们是在理货吗？商场的工作人员每在一批货物到来的时候，都要干的事情就是理货、码货、分货，就像你们现在一样！你们做得很好！商店的售货员们真是认真负责啊！"没有老师的引导，孩子们开始主动承担起了商店负责人的任务，发挥着他们的作用，为商店贡献着自己的力量。他们能够及时地发现问题，并且想办法尝试解决问题。在为别人服务的同时，自己也增长了能力，收获了快乐。

商店变身格子店

商店代卖玩具的活动开始后,孩子们络绎不绝地带来玩具,每个孩子至少都有两三种。直到有一天,商店真的没有足够的地方放了。"怎么办呢?"我问。"把每个人带来的玩具放在一起。"于是孩子们开始把玩具划分区域。"这块地方是涵涵的,涵涵可以把玩具放在这儿。""这块地方是开心的!""这是嘟嘟的!"这个方法虽然解决了空间不足的问题,但是又带来了新的问题,玩具堆放在一起,不方便小朋友们挑选。

这天早上,可儿用了一个废旧的纸箱把自己的芭比娃娃、小熊和一本书带来了,放在了商店中。盖子昂说:"哎,可儿这个方法真不错!我们可以都像可儿一样,每人从家带来一个纸盒子,把自己的玩具都放在里面!这样就有地方了,而且还不会乱,方便小朋友选玩具。"就这样,孩子们纷纷带来了属于自己的格子,可是新的问题再一次出现了。孩子们发现格子太多了,不知道谁是谁的,于是孩子们为自己的格子贴上了名字。在一个个的不经意间,孩子们在观察、在寻找办法解决问题。伴随着自主的游戏,孩子们在渐渐地成长。

联合游戏的快乐

格子店成立后,商店的生意更加红火了,于是"银行"的工作人员们开始忙碌起来,孩子们选购东西前会到"银行""取钱",卖掉玩具的孩子们会到"银行""存钱"。存、取款这是银行一直以来的职能。由于商店的商品定价有整有零,有些时候在交易时会碰到整钱找不开,或者是零钱太多了,买东西的时候数起来很耽误时间(在数钱的时候,玩具可能会被其他人买走),所以孩子们提出:"能不能换一下钱?""可是找谁换呢?"孩子们说:"可以找老师换,老师那肯定有!"也有孩子说:"可以去银行换,因为银行的钱很多!我妈妈就到银行换过零钱!"就这样,孩子们的游戏引出了银行的另一个职能:货币兑换。

我们的商店游戏还在继续进行,通过这一活动,孩子们学会了与同伴的协商与合作,遇到问题能够主动想办法相互商量解决;孩子们真正地成为了游戏的主人,他们主动承担任务、主动发起行动、主动寻找解决问题的好方法;同时,孩子们掌握了20以内货币的换算,在游戏中孩子们学习了数学、学会了统筹安排与计划。小小的游戏却带给了孩子们无限的发展,期待更多的故事在这里发生。

我的舞台我做主

郑宝军

一天，表演区开始前，天爱对我说："老师，我们想演一个童话剧，昨天妈妈带我去看童话剧《闯东海》，我觉得特别有意思，我们也想演一个我们自己喜欢的童话剧。"开心在一旁说："对啊，我也看过《三只小猪》的童话剧，穿着漂亮的服装表演太有意思了！"孩子们有自己的想法，我当然要大力支持了。于是我和孩子们一起商量我们要选择什么样的剧本。孩子们讨论说："可以选择有意思的绘本请爸爸妈妈帮助改成剧本，看过的童话剧也可以表演……"

孩子们的讨论引发了我的思考，《指南》提出："让幼儿自主选择，用适宜自己表现的方式去模仿或创造，成人不做过多的要求。"戏剧表演正是给予幼儿自主参与表演和体验成功的快乐，表现其创造性的最佳形式。同时，也是对幼儿创造思维和社会性的培养，是促进幼儿全面和谐发展的一种形式。

既然是孩子们自己的童话剧，我想就应该改变那种"节目排演式"的模式，避免我们追求成品的灌输现象，孩子们自己编演的童话剧也是孩子对生活体验的一种表达方式。用赏识的眼光鼓励幼儿大胆创造是本次活动的核心所在。于是大家积极参与到为期一周筛选剧本的工作中。

筛选剧本有办法

筛选剧本的这一天，孩子们把收集到的素材都积极地带到班中，有《白雪公主》《三只小猪》《狼来了》《老鼠嫁女》……这么多剧本到底选哪一个好呢？孩子们各抒己见。赵辰茜说："我觉得《白雪公主》这个剧本好，里面的人物服装特别美，而且白雪公主最后打败坏皇后，和王子过着幸福的生活，所以我选的是《白雪公主》的剧本。"刘天爱说："妈妈给我新买了一本绘本《老鼠嫁女》，这本书我觉得特别有意思，老鼠爸爸想给自己的女儿选一个最优秀、最强大的女婿，结果还是选择了小老鼠，要是能把它变成童话剧进行表演，我觉得肯定特别有意思。"何欣烨说："我和张锴钧一起选的剧本是《狼来了》，我觉得这里面

的小男孩总说谎话骗人,最后他的羊都被狼吃了,告诉我们要做一个诚实的孩子。"李松冕说:"我选择的剧本是《小熊请客》。"还有的人说:"我选择的是《三只小猪》。"……大家都说着自己的理由。我说:"你们选了那么多有意思的剧本,我们不可能一下子演那么多,这可怎么办呢?"妹妹说:"我们投票吧,哪个剧本的票数最多,我们就演哪一个,好不好?"妹妹的提议得到了大家的赞同,最后大家以投票的形式确定了三个剧本《狼来了》《白雪公主》《老鼠嫁女》。大家又根据选票将自己的喜欢的剧本分成三个表演小组。

角色风波

一天,表演区引起了争论,原来是《白雪公主》的角色引起了争议,由于女孩子们都想演白雪公主,没人喜欢王后,就造成角色迟迟不能确定。

骆梓涵说:"我最喜欢白雪公主了,我还会唱里面的歌曲呢,我来演吧。"李佳宁说:"我和妈妈找了很多里面的音乐,我会跳舞,我来演比较合适。"鄢源说:"我也喜欢白雪公主,我的皮肤比你们的白,我当白雪公主最合适了。"看着孩子们都在讲述着自己能扮演"白雪公主"的理由,我马上加入了孩子们的讨论中。我装作不明白地问孩子们:"你们为什么都喜欢演白雪公主呢?""因为白雪公主最漂亮,最善良,她对每个人都很好。我也很善良,所以我可以演好白雪公主。"李佳宁抢着说。骆梓涵说:"因为白雪公主不仅美丽还穿着漂亮的裙子,她很友爱,对小动物们特别好。我看过动画片的《白雪公主》,她每天都给小鸟们唱歌,很好听呢。我也爱小动物们啊,我会和小动物们成为朋友,妈妈说我就是家里的白雪公主。"鄢源看看骆梓涵,又看看李佳宁说:"你们能让我当白雪公主吗?我愿意把我最喜欢的芭比贴画送给你们两个……"就这样,每个女孩子们都说着自己的理由。我为难地说:"大家都想成为白雪公主,到底谁来演白雪公主呢?我也不知道该怎么办了,谁能想一个好办法来解决这个问题呢?"大家你看看我,我看看你,小声地议论起来。这时赵辰茜说:"我想到了一个好办法,大家都想当白雪公主,我也想演,可是都演白雪公主,谁来演小矮人啊?谁来演王后呢?我和爸爸妈妈在家要是因为去哪儿玩意见不能统一时,我和爸爸妈妈就抽签决定,要不咱们也抽签吧。每个角色咱们都写上号码,白雪公主是1号,王后是2号……""这可真是一个好主意!"我用赞赏的眼光看着茜茜,征求大家的意见:"你们同意茜茜的好办法吗?""同意!"大家异口同声地表示赞成。

就这样,孩子们从美工区找来了纸和笔,写上了他们商量好的号码。大家开始抽签了,一人一个。最后白雪公主的角色由李佳宁表演,王后由赵辰茜表演,蓉蓉、辰辰、鄢源、潇潇、魏暄烨、骆梓涵等十几个小朋友分别扮演小动物们和七个小矮人。

看着孩子们在角色分配过程中能各自阐述自己的理由,我发现孩子们长大了,都能够抓住剧中人物的真、善、美,通过和自己的对比发现自己身上的闪光点,这一点也充分体现了孩子们的大胆与自信。当遇到问题的时候,孩子们不是争吵而是积极想办法,将自己生活中解决问题的方法进行迁移,从而更好地解决自己遇到的问题。

积极筹备

剧本有了、角色定了,就要配乐了,《白雪公主》小组收集了很多音乐,悠扬的、抒情的、活泼的、哀伤的、安静的,种类很多。在筛选音乐前我先和孩子们一起了解了《白雪公主》中每个角色的性格特点。孩子们一致认为白雪公主很善良、美丽,王后虚荣邪恶,小动物们善良可爱,七个小矮人活泼善良,还有些幽默。

筛选音乐时,我们先听了一首《嘟嘟歌》,歌曲很优美,是开心选的,她认为可以放在白雪公主出场的那一场。张乃莹说:"我觉得这首歌很好听,但是不太适合白雪公主,因为白雪公主很美丽,也很活泼,这首曲子有一点安静。"于是,大家又一起听了下一首曲子《小红帽》。魏暄烨说:"我觉得这首音乐可以,因为这个音乐听起来很活泼,白雪公主可以一边跳舞一边出场。"骆梓涵说:"我也认为这首音乐可以是白雪公主出场的音乐,因为白雪公主的出现要选择优美的旋律,特别是在'猎人带领白雪公主离开王宫的路上,白雪公主像小鸟一样自由地舞蹈,'所以我同意这首音乐。"代予潇说:"我觉得这一段是白雪公主和小动物们做游戏、采野花的情景,要选一个优美、抒情一些的音乐表现出白雪公主高兴的心情。"最后大家一致举手通过,选择了歌曲《小红帽》作为这一段场景的音乐。

选择王后出场的音乐时,刘清说:"王后是邪恶的、可怕的,王后出场的音乐应该是比较低沉、可怕的音乐。"于是大家很快就选出了作为王后出场的音乐。

小矮人出场的音乐大家一致觉得该是最欢快的一段,特别是小矮人们收工回来后在路上时是欢快、活泼的一段,于是大家选择了歌曲《种太阳》这段音乐。在经过大家的讨论后,音乐终于确定了下来。

音乐有了,服装都是在家长们的积极配合下带来的一些披风、纱裙。孩子们根据自己的需要进行装饰,道具也是孩子们邀请家长和自己一起制作,整个活动中孩子们都是积极参与,通过协商、合作来完成的。

设计海报进行邀请

一切工作准备就绪,孩子们进行了紧张地排练之后,马上就要演出了,孩子们激动极了。娃娃说:"我们的童话剧这么好,我们演出的时候可不可以让幼儿园的小朋友都来看看啊?""那你们就要想一个办法让幼儿园的小朋友都知道你们什么时候表演,这样大家才能过来观看啊。"我对娃娃说。刘天爱说:"我们做门票吧,上面画上我们要演的剧目,把时间和地点写上,发给中班和小班的弟弟妹妹,这样他们就能来看我们表演了。"开心说:"我每次去看童话剧时,在剧场的门口都有一个大大的海报,我们也可以做一个海报放在幼儿园的门口,这样可以有更多的小朋友来看我们表演啊。""这个主意太棒啦!"我向孩子们竖起了大拇指。

于是孩子们按照自己的想法设计了演出的门票和海报,"雪"字有点复杂,孩子们不会写,于是就画了一片雪花来替代。

精彩的演出

小舞台表演这天,孩子们兴奋极了。当最后孩子们边舞蹈边唱起《种太阳》时,台下响起了热烈的掌声,我们班的家长们更是激动不已,因为这是孩子们第一次自己参与、策划、编排的童话剧,用孩子们自己的话说"是我们自己的童话剧。"高烨辰的妈妈更是忍不住走上台,激动地说道:"看着孩子们自编自导自演的童话剧,让我们感叹孩子们的无限潜力。童话剧让每个孩子的脸上洋溢着灿烂的笑容,短暂的表演会结束,但孩子们的童话还会延续,还会演下去!童话剧的表演给我们成人展现出一个美丽的童话世界,为我们插上了记忆的翅膀,带我们回到童话故事般的儿时。童年对于每个人来说是美丽的,童话对于每个人来说是清新的,犹如清晨一缕明媚的阳光,好似爱情童话故事般的清纯,那梦幻的童话世界从来没有让人因为时间流逝而褪色它美丽的光环,而是给人以美好的回忆。"

孩子们的精彩表演获得了众多的掌声和赞叹，我想孩子们在这其中获得更多的是在自主表达创作的游戏过程中展开想象的翅膀，同伴间的学习、情感表达，体验合作、交往的团队精神，以及孩子们在遇到问题时解决问题的能力。孩子们获得了情感、社会性、能力等多方面的和谐、自主的发展。

表演游戏是我们落实《指南》精神，促进幼儿和谐而富有个性发展的必要教育途径。此次活动的开展不仅丰富了孩子们的语言，培养了孩子们的创造性思维，发展了幼儿社会性和良好个性，而且在促进幼儿全面和谐发展的同时，也为孩子们在遇到问题时解决问题提供了锻炼的机会。此次活动也使我深深地感悟到要树立整合教育和创新教育的意识，在整合观的指导下重视幼儿各种行为习惯、文明礼貌、合作协商、解决问题、探究发现、自我保护等各种情感态度和能力的发展，使幼儿在体验表演的过程和快乐的同时，获得对终身和谐发展有益的良好思维品质和个性品质。

不同的植物如何浇水

王素玉

班里的植物有的喜湿，有的喜干，在浇水时应区别对待。但一连好几天，我发现小朋友在给植物浇水时并没有区分开。注意到这一问题后，我并没有马上纠正，而是继续观察，引导幼儿自己发现这一问题，再一起制定解决措施。

几天后，豆子和阳阳在自然角大喊："这盆蟹爪兰的叶子怎么发黄了？花骨朵也掉下来了！"听到他俩的惊呼，大家都围了过来，对着这盆蟹爪兰发表自己的看法："是不是生病了？""是不是没浇水？""是不是水浇多了？"大家讨论得很激烈，且已经考虑到是不是浇水引发的问题。我说："你们觉得到底是水浇少了，还是浇多了才变成这样的呢？"孩子们有说少的，也有说多的，那到底是怎么回事呢？我请他们举手示意这两周谁给植物浇过水了，哪天浇的。一统计，才发现每天都有人浇水。这时孩子们大部分都说是水浇多了，可仍有人不同意。多多指着旁边的一盆吊兰说："这吊兰也天天浇水，怎么没事？"这时睿睿说道："要不，咱们上网查查吧。"于是我请孩子们自己去寻找答案，并制定出解决办法，明天区域活动时一起交流。

第二天，孩子们都将自己的答案带来了，有的是用打印机打出来的，有的是让爸爸妈妈帮忙写出来的，有的是自己画出来的。虽然形式不同，但答案基本相同：蟹爪兰是喜干的植物，不能天天浇水。对于如何浇水，孩子们也制定了自己的措施：应该3天浇一次水，应该5天浇一次水，网上说应该等花盆里的土干了再浇水。最后大家用举手表决的方式决定3天浇一次水。这时我又问道："怎样才能知道这次浇水和上次之间相差了3天呢？"大家积极地讨论起来，最后一致同意用记录本的方式记录下每次浇水的时间，这样就方便后面的小朋友计算浇水的时间。

解决了这个问题后，我又向大家抛出了新问题："自然角中其他植物都是喜湿，还是喜干的呢？它们应该怎样浇水呢？"这又引起了大家的热议。运用同样的方法，孩子们了解到了植物分喜湿和喜干两种，并开始思考如何科学地浇水。经过商量，大家决定喜干的植物3天浇一次水，喜湿的植物每天都浇水。从那以后，孩子们再也不是每天每一盆都浇水了，浇水之前会先看看记录本，推算一下应不应该浇，植物们也开始茁壮成长了。

在发现幼儿给植物浇水没有区别的问题时，我并没有直接给予指导，而是等待他们自己发现问题，抓住兴趣点对孩子进行教育。我也没有采用直接教授的形式，而是将主动权交给孩子，请他们自主想办法、找答案，制定措施。他们在寻找答案的过程中，学会了如何使用网络；在交流信息的过程中，学会了分析、总结各种信息，学会了自己制订计划。幼儿在自主探究、总结的过程中，学会的远远不只是植物如何浇水的知识，更重要的是学会了如何学习，如何解决问题。

自己拍摄公益广告

王素玉

在介绍新闻的时候，佩琪向大家介绍的是几天前发生的一件关于游人为了拍照而摇晃树木将花朵都摇下来的事情。佩琪刚刚介绍完，孩子们就义愤填膺地发表了自己的看法："这样做是不对的，是不爱护树木的行为"，"要是把花都摇下来了，在秋天的时候还能结果子吗"，"这么大劲儿摇晃树木会把它摇死的"。

集思广益

听到孩子们对这一行为的批评，对树木的关爱，我感受到了孩子们那一颗颗善良的童心，同时也激发了我的思考，爱护树木一定要等到植树节吗？这次介绍新闻引起的话题，正是一次教育孩子们爱护树木、保护树木的好机会啊。于是，我引导孩子们一起讨论："怎样向更多的人宣传爱护树木呢？"

孩子们热烈地讨论了起来，有的说："我们可以在别人做出这样的行为时，制止他并告诉他这样是不对的。"有的说："咱们可以将正确的行为画下来，发给大家，让大家知道要爱护树木。"这时候睿睿说："我们可以拍像电视上播放的公益广告，告诉更多的人要爱护树木。"睿睿的提议马上得到了孩子们的热烈回应，他们纷纷表示"这样的宣传方法看见的人更多"，"这样的方法弟弟妹妹也能看懂"。

我很惊讶孩子们现在接触的信息量及信息面越来越广阔，想法也更大胆，思维更灵活。在大家的一致认可下，我们决定拍摄一个属于我们自己的，向大家宣传爱护树木的公益广告。

制作公益广告

1. 观看公益广告，介绍自己最喜欢的一个公益广告

既然要拍公益广告，那孩子们了解什么是公益广告吗？有的孩子说："公益广告就是告诉我们什么事情是对的。"有的孩子说："公益广告不是真的广告，

是帮助我们长知识的。"有的孩子则表示自己没有看过公益广告,不知道是什么。当知道了班中孩子们对公益广告的了解程度后,为了能够开阔孩子们的思路,更好地设计我们的公益广告,我号召孩子们多收集并观看一些公益广告,然后向大家介绍自己最喜欢的一个公益广告。

领到新任务后,孩子们纷纷行动起来,有的上网观看,有的从电视上观看。这下越来越多的孩子了解公益广告了,也对公益广告更感兴趣了。

该介绍自己最喜欢的公益广告了。这一天,孩子们带来的公益广告多种多样,有关爱家庭的、有介绍中国传统礼仪的、有宣传文明行为习惯的,等等。有许多孩子选择的是同一个,那就是"倡导大家文明出游"的熊猫公益广告。孩子们说:"熊猫很好玩。""这个广告跟我们要拍的差不多,都是告诉大家出游的时候要怎样做。""这个广告告诉我们什么是对的,什么是错的,我们的广告也可以这样拍。"

2. 设计拍摄方案

孩子们了解了公益广告,也开阔了思路,下面就是要设计拍摄方案了。是每个小组拍摄一个公益广告,还是大家一起拍摄一个公益广告呢?当讨论到这一话题时,孩子们的意见出奇地统一:大家一起拍一个广告。他们觉得看公益广告里面出现的人物都比较多,大家一起完成更好。

拍摄得有拍摄方案,这时孩子们激烈地讨论了起来,有的说:"咱们拍树木被砍伐的。"有的说:"要拍摄什么是对的才能教育别人。"有的说:"我觉得要先说错的,再说对的,你看熊猫的广告就是这样设计的。"看到孩子们争论不休,每个人又都说得出自己的理由,我想,怎样在既保护每个孩子设计热情的基础上,又推选出一套切实可行的拍摄方案呢?于是我提出大家都把自己的拍摄方案画下来,然后向全班幼儿介绍自己的方案,最后通过投票来决定采用谁的拍摄方案。

我的提议得到了大家的认同,最终投票时洋洋设计的用幻灯片的方式先介绍破坏树木的图片,然后再介绍树木对我们的生活有哪些好处的图片,得到了孩子们的一致好评;而妞妞设计的绘画传单并发放,给小树浇水也受到了孩子们的好评。孩子们经过商量后决定将洋洋和妞妞两人的设计融合成一个方案,共分为4个步骤完成。

在设计拍摄方案这一环节中,考虑到孩子们已具有设计春游计划的经验,而且在班中开展的"治理雾霾"的活动中,他们对树木的作用也有了一定的了解,我在提出绘画拍摄方案后,就与孩子们一起回忆了春游计划是如何实现的。比如,

可以在一张纸上表现出设计的每一步，并用数字标示出先后。也可以一张纸表现一个设计步骤，用文字加以辅助表达。

3. 拍摄分工

"拍广告得有摄像，还得有演员。""我会摄像，用手机就成。""咱们的方案是4步，是不是得分4组呀？"看孩子们对拍摄的分工有了初步的了解也展开了讨论，于是我抛出了新的任务：请你们对照拍摄计划做好准备与分工。这个任务其实就是提醒孩子们不要盲目分工和做准备，要对照计划有针对性地做好准备。"咱们的方案分介绍对树的伤害、树给我们带来的好处、如何爱护树木、发放传单4个步骤。""咱们分4组呗，每个组拍一个。""那咱们怎么分组呀？""还要准备图片呢。"孩子们你一句我一句地说着，虽然说出了要做的准备与分工，但是还没有找到先后顺序，所以觉得毫无头绪，不知该怎么办。

听到孩子们议论纷纷，我启发他们："我们要决定出先做什么，后做什么，我觉得要先把4个组分出来，后面的准备以小组为单位就可以。"听到我的话孩子们眼前一亮，自愿结组，在组内商讨出了谁负责找图片、谁负责摄像、谁是演员，负责编排动作和设计语言，然后就开始分头进行准备。当材料都准备好后，孩子们又进行了小组内的一次交流，共同讨论图片是否合适，对照图片要说什么话、配什么动作，发传单时要说些什么，等等。摄像当天，孩子们在镜头前大胆自信地介绍着，拿着自己绘制的传单向路人介绍爱护树木的重要性。

录像都录好后，孩子们又发现了问题，这几段录像和照片要怎样连在一起变为一段公益广告呢？孩子们你看着我，我看着你，愁眉不展。这时一闪说："咱们让老师帮忙吧，老师平时做了那么多上课的视频，一定可以帮我们。"一闪的提议孩子们都非常同意，于是班中的老师最后充当了剪辑师的角色，将公益广告剪辑完整。

制作公益广告的活动持续了将近一个月的时间。这期间，孩子们在协商、分工、制订计划、收集资料等方面的能力也得到了提高。活动中的每一步都凝聚着孩子们的心血。孩子们在不断地发现问题、解决问题的过程中，了解了公益广告，制作了自己的公益广告，体会到了成功的喜悦。

《指南》中指出"要充分尊重和保护幼儿的好奇心和学习兴趣，帮助幼儿逐步养成积极主动、认真专注、不怕困难、敢于探究和尝试、乐于想象和创造等良好的学习品质。"

在孩子们提出准备拍摄我们自己的公益广告时，我尊重了孩子们的提议，对他们的大胆设想给予支持，从而使孩子们能够拍摄出自己的公益广告。

在活动中通过完成任务的形式，我不断地抛出新的问题，引导他们进行探究和尝试。从了解公益广告到设计拍摄计划，再到拍摄的分工，孩子们一直认真专注地投入到活动中，既有协商合作，又有明确分工。在大家齐心协力地努力下，最终完成了拍摄活动。

在此次活动中，孩子们不仅仅是完成了人生第一次制作公益广告，也养成了敢于探索和尝试、乐于想象和创造的良好品质，同时也明白了通过不断地努力，梦想就可以变为现实！

小小插片　创意无限

王哲雅

雪花插片作为我园一项传统的桌面游戏材料，一直以来深受孩子们的喜爱。每次餐前活动，孩子们都会聚在一起用插片拼插出各种不同的造型。同时，孩子们许许多多的成长故事也在这里悄然发生。

展示台风波

随着作品的不断增加，我们班楼道的窗台自然成了孩子们的作品展示台。过了一段时间，楼道窗台摆放不下了，活动室的玩具柜面也扩展成为了作品展示区。然而，这段时间孩子们却为展示台的位置发生了争执，大家都想把作品摆在楼道窗台上，因为这样才能让别的班的小朋友也能看到。"窗台的位置有限，大家的作品不能全部摆在上面，怎么办呢？"我把这个问题交给了孩子们讨论。孩子们说："旧的作品太多，应该拆掉一些。""什么样的拆掉，什么样的可以保留呢？"我又问。有的孩子说："每个人保留一个作品，其他的全部拆掉。"但是又有小朋友不乐意了："很多小朋友的作品造型都一样，每人一个摆上去还是那几样，要是别人有好几个不一样的却还得拆掉，这样太浪费。""对呀，那怎么样才能做到既公平，又让不同的造型都有展示的机会呢？"我马上追问。经过讨论，小朋友们最终形成了统一意见：窗台上每种造型只放一个，其他的就放到玩具柜上，谁创造出新的造型就可以放到窗台上。展示台风波迎刃而解。

创新之风兴起

展示台风波的解决还带来了意想不到的惊喜，孩子们对插片的兴趣更高了。为了能把自己的作品展示到楼道窗台，他们纷纷开动脑筋，设计出了很多新的造型，孩子们的造型创新之风应运而生。尤其是胡樹楷小朋友，几乎驻扎在了插片区，每天都在不停地鼓捣着他的作品。当然，我也问过胡樹楷在插什么，可他只

告诉我:"暂时保密,等我插好你就知道了。"

哦,原来他有一个小秘密,他是想给大家一个惊喜吗?我想,孩子们内心都有自己的一片小天地,当孩子暂时不愿意表达的时候,我们应该给他时间,耐心地等待。于是,我决定静静等待,并默默地关注他的工程进展。

三入科技馆

一连三周的时间,胡樹楷都在插片区摆弄他的作品,对于小朋友们的提问,他始终回答"暂时保密",而他提出的唯一要求就是需要一块专门的地方摆放他插出的零部件,当然我们也尊重了他的小要求。随着时间的推移,他的作品日渐成型。在我们的热切期盼下,一艘航空母舰呈现在了大家眼前。看到胡樹楷的作品,孩子们都兴奋不已。当然,我也为胡樹楷的成功感到欣喜,我拿起手机将他的作品拍成照片,发给他的妈妈,想把他的喜悦和他的妈妈一起分享。胡樹楷的妈妈收到我的信息后,回了这样一段话:"王老师,这是胡樹楷的作品吗?难怪他一连三周周末都要去科技馆,现在我知道了,原来他是去采风啊。"

胡樹楷的妈妈的短信引起了我的思考,三个星期的坚持对于一个孩子来说真的很不容易,胡樹楷能够三入科技馆足可以说明他是有计划地在完成这件事情,而且他也确实成功地完成了自己的计划。他的这份坚持真的让我很惊讶,同时我也庆幸自己给予了他时间和空间,虽然等待的过程很漫长。这件事也让我明白了只要在自由的氛围中、充分的信任里,孩子们就能自主地游戏,就能按照自己的速度成长。

歼20战机成功起飞

胡樹楷的航母拼插成功,小朋友们在学习的同时也给他提出了合理建议:"你的航空母舰应该加一个起飞平台""你的航空母舰还应该有护卫舰",在孩子们的相互启发下,胡樹楷不断地完善着自己的作品。一天,班里的幼儿带来了一则关于歼20成功起飞的新闻,新闻中那架歼20的图片深深吸引住了孩子们。孩子们说:"航空母舰上要是有战斗机该有多棒。"一时间,孩子们掀起了拼插战斗机的热潮,他们时而自己拼插,时而一起讨论,一片片雪花插片在他们手里一会儿变成条形,一会儿变成圈形。几天的工夫,歼20、歼15、歼10便呈现在了我们班的展示台上。

看到孩子们高涨的热情，我为他们由衷地感到高兴。对孩子们来说，兴趣是最好的老师，有了兴趣才有创造，孩子们的学习就是在兴趣的促使下，在探索中、尝试中逐渐建构起来的。

三个人的插片作品展

随着时间的推移，孩子们对插片的兴趣由高涨逐渐归为平静，但是胡樹楷、陈家灏、冯禹铮这三名小朋友对插片始终情有独钟，展示台上的战斗机、坦克、集装箱车、航空母舰、泰坦尼克号等作品几乎都是他们三个的成果。看着他们造型各异的作品，我再次萌生了一个想法：我应该给孩子们创造一个机会，给他们搭建更大的展示平台。在"六一"儿童节来临之际，我和孩子们商量后，决定给他们三个人举办一场插片作品展览，将他们的作品放在幼儿园一层大厅，展示给全园小朋友和老师看。

此次展览活动吸引了全园的小朋友，他们一面惊叹，一面有各种疑问，这个是怎么插的？那个是怎么用的？一时间，孩子们围着三个人问这问那，都对插片产生了浓厚的兴趣。

拜师活动

看着其他班的孩子们有如此高的学习热情，我再次萌发了一个大胆的想法：这么好的资源不能浪费呀，眼看我们班这三个孩子就要毕业了，一定要让他们在毕业之前将自己的本领传授给其他班的弟弟妹妹们。

展览活动结束后，我找到胡樹楷、陈家灏和冯禹铮三位小朋友，将其他班的小朋友想拜他们为师的意愿转告了他们，三个人听了之后一致表示同意。于是我们便一起商量了一下如何收徒，每人认几个徒弟，等等。商量好有关细节后，我们便来到了其他班。他们三个人向弟弟妹妹们介绍了自己的来意，弟弟妹妹们高兴坏了，都想和这三位哥哥学习。于是孩子们自发开始了自荐，并说出自己的理由。三名师父则每人挑选了两个徒弟，并举行了一个小小的拜师仪式，师父和徒弟都郑重地做出了自己的承诺。

小小的拜师活动再次给了三名小朋友展示自我的机会。看着孩子们认真地挑选徒弟，我能够体会出这件事对孩子们来说有多重要。这看似简单的活动之后，徒弟和师父们一定都会各有收获。

再掀高潮

自从拜师活动之后，每天餐前活动时间，徒弟们都准时来我们班学习，师父们都认真地将自己的经验传授给徒弟。在传授经验的过程中，他们尝试用简洁的语言进行提炼、概括、描述，还自创了一些名称，直观形象，小朋友一听就懂。

这件事也让班级其他幼儿的创作热情再次点燃，因为他们也希望自己能够创造出更多创意，可以当师父，插片活动的第二次热潮来临。

插片活动就这样继续在我们班开展着，孩子们的想法和创意也不断地延续着。看着孩子们完成一个作品之后那种满意的笑容，我想这就是他们想要的游戏吧。

小小的插片活动却在我们班如火如荼地进行了这么久，我想孩子们能坚持下来，一方面是源于兴趣，另一方面也和老师给予的信任与支持分不开。在活动中，教师尊重孩子们的想法，给予他们时间和空间进行创造，鼓励他们自主发现问题、解决问题，为他们搭建展示自我的平台。在自由、自主地探索中，孩子们发现了自己的能力，变得更加自信主动。

带小花回家过年

张彩霞

发现问题

春节即将来临,孩子们期盼着假期的到来,每天都谈论着如何度过这个美好的假期,老师们也开始整理着班里的物品,为假期做着准备。一早入园,李新宇跑到我面前认真地说:"老师!老师!我们都回家过年啦,自然角的花怎么办呀?没有我们浇水,这么长时间它们都会死掉的!"听到李新宇的问题我非常高兴。平时我们为了培养孩子们的责任心布置了班级自然角,大班的孩子们愿意探索和挑战,我们自己找土,自己选花种,自己动手将小花的种子种到花盆里。经过孩子们精心地照料,小花出芽,长叶,开花。这一盆盆小花倾注了孩子们大量的心血,同时也养成了孩子们的责任心。听到李新宇这样的话语,我感到很是欣慰,看来做人需要的责任心已经植入到孩子们的心里!我也正要和孩子们讨论这个问题,从孩子中来一定要回到孩子们中去,才是我们老师作为引导者、支持者的职责。于是我把问题又抛给了他:"对呀!老师还没想到这个问题,那你说说我们该怎么办呀?"他看了看花,看了看我:"要不,我们和小朋友商量一下,看看有没有什么好办法!"

搭建平台

早餐后,李新宇把这个问题提交给小朋友们商量,大家听后都挺着急,七嘴八舌地讨论起来。有的小朋友说:"放假前多浇些水。"这个主意马上被其他小朋友否定:"不行,一次浇太多水小花会死掉的,再说过几天水干了怎么办?"又有小朋友说:"把盥洗室的水池里放上水,再把这些花放到里面。"这个主意听上去有些可行,但是也有小朋友提出了质疑:"盥洗室的水池漏水,过不了多久水就会漏光。"大家积极动脑筋思考,寻找解决问题的最佳方法,但是想到的办法又都一一被否定，于是大家都没了主意，教室里没了声音，你看看我，我看看你。这时笑语说："我有一个好主意，我们把小花带回家去照顾，开学再带回来就好了。"对呀！大家眼前一亮，全体小朋友都同意了笑语的办法。"笑语笑语，你真棒，你是怎么想出来这个好办法的呀？"李新宇偷偷地问笑语。"我妈妈给我讲过一个领养孩子的故事，我觉得那小花也可以领养啊！就想到了这个办法。"听了他们两个人的窃窃私语，我感到五六岁孩子能够很恰当地迁移已有经验解决问题，今后一定要将诸多问题抛给孩子们，让来自不同家庭的孩子在这个平台上贡献自己的智慧，开启孩子们思考的大门，自己想出办法才会更加自信，集体的思考才能够百花齐放！

学以致用

"那我们就开始领养小花吧，现在领养就可以马上打包了，省得晚上接我们回家的时候太过匆忙。""好呀，不过这些小花我们现在领养啦，晚上找不到怎么办？"孩子们的问题还真是需要马上解决。看来他们对事情的预见和计划性是非常准确的！为了启发每个孩子开动脑筋，我向大家提问："那我们如何来区分自己领养的小花呢？""我们大班小朋友都会写自己的名字，我们写好自己的名字贴在盛小花的袋子上，就能够很快区分了。""很好！我们就开始行动吧！"大家也点头表示赞同，运用现有的能力恰当解决棘手的问题，孩子们学以致用的能力初见端倪。孩子们拿纸笔开始写名字。在写名字的过程中，我发现李新宇还在自己名字旁边画上了一朵小花。于是，我请他给大家看了看自己的设计。孩子们马上就在自己的名字旁边添加个性化的标记。在大班的学习过程中求异已经成为常态，我们教育出来的孩子有自己的独特创造才能够将来在各行各业做出卓越贡献。带小花回家的活动，孩子们积极参与，主动思考，贡献智慧，学以致用。在真实生活中学习是最好的学习方式。我们设计名字贴的时间比平常的集体活动时间延长了20分钟，但孩子们乐此不疲。我想只要孩子们感兴趣，我们的活动就可以拓展到各个领域，孩子们吸纳知识从来也不会区分领域！整合的教育才最适合孩子！

责任强大

孩子们设计好了自己的名字贴，开始领养小花，大家都争先恐后地挑选自己

喜欢的小花回去领养。就在这个时候轩轩说:"老师!我假期不在北京,要回老家看爷爷奶奶,恐怕不能照顾小花。"正在轩轩为难的时候,吴正琪说:"老师,我替轩轩领养吧,我家里还有好多花,一起照顾也方便。""我们给吴正琪鼓鼓掌吧!"孩子们能够互相帮助,互相体谅,教师要在发现的第一时间给予充分的鼓励和肯定,这样的肯定才能够开花结果,让其他小朋友明白并羡慕具有这个优点,从而自己也努力去做。没想到回家的时候,轩轩还是自己拿着领养的小花回家了。我问他:"你不是要回老家看爷爷奶奶吗?小花就给吴正琪照顾吧!""我可以把它寄养在姥姥家,我姥姥可以照顾它。"大班的孩子每个人在集体里都有自己的位置、自我的评价和小朋友的看法,轩轩能够感受到这一点,他积极想办法自己解决了问题。想到这儿我对轩轩竖起了大拇指。

智慧的源泉

事情得到了圆满的解决,在此过程中孩子们积极思考,主动想办法解决问题,发挥出了很强的自主性,同时积极采纳别人的建议,问题得到了圆满解决。作为教师,在日常生活中为孩子们创设一个主动的学习和成长环境,引导孩子们发现问题,并将问题交给孩子们去发现、讨论、反复修正,直至解决问题,让孩子成为真正的主人,在真实生活中积累经验和自信,培养他们的责任感、自信心,以及学以致用的能力和脚踏实地的品格。

家园共育创造和谐的成长环境

家庭和幼儿园是儿童成长的两个重要环境,世界著名的教育家福禄贝尔提出"学校和家庭的联系是完美教育的基础"。随着社会的进步和社会结构的复杂化,家庭教育面临新的挑战。儿童教育工作的复杂性,使得家庭和幼儿园都无法单独完成儿童的教育工作。因此,在我园的"至乐教育"体系中,家园合作是重要的组成部分。为此,我园建立了与家庭之间的教育伙伴关系,幼儿园和家庭是相互平等、相互合作、相互支持的,具有共同的目标和任务,那就是为儿童积极的人生奠定基础。

我们创建了家园联动模式,建立了园所、班级两级家长委员会,成立了伙食智囊团、信息技术支持团队、家长培训团队、教育质量监督小组,家长全方位、多角度参与园所的管理;建立了三级微信平台,家园联系微信平台、教育发展微信平台、班级微信平台;开展了"绘本阅读与儿童发展""园所文化与园所发展"等主题论坛,实现了家长与家长间、家长与教师间的互动学习;我们着重挖掘和开发家长资源,开启家长自报进课堂的方式,使家长走进班级、走近孩子;注重亲子之间生活活动的价值挖掘,开展了多方位的亲子活动,协助家长建立良好的亲子感情,营造和谐家庭教育氛围。我们力求让家长通过参与、配合幼儿园的各项活动,品尝教育生活和自身成长的乐趣,同时让全园400余名孩子、70余名教师,在与家长的互动中,在家长的教育智慧支持中,实现自身的成长,从而将"互助共长"的家园合作目标变为现实。

辣妈酷爸进课堂

王哲雅

每一位家长都来自不同的行业，从事着不同的职业，其中不乏行业精英，同时家长们有着丰富的人生阅历、广泛的兴趣爱好，是我们身边最宝贵的资源。为了更好地拉近幼儿园与家长们的距离，更好地让孩子们近距离接触生活、亲近生活、感受生活，获得更多的课外知识，拓宽视野，我们开展了"辣妈酷爸进课堂"的活动，请爸爸妈妈们走进课堂当一回"老师"，给孩子们上一节与众不同的课。在辣妈酷爸进课堂活动中，爸爸妈妈们走进了幼儿园，走到了孩子们中间，随着理念的不断更新，爸爸妈妈的角色正在悄然变化。

从"爸爸妈妈"到"助教"，助家长们走近幼儿

"辣妈酷爸进课堂"活动一经提出便得到了家长们的大力支持，第一个报名的便是大志的妈妈，她给孩子们带来的是一节动手体验的烘焙课。活动当天，大志的妈妈为孩子们精心准备了每人一份的材料，在家委会成员的大力支持下，孩子们每人都亲手制作了椰蓉面包。孩子们舍不得吃，晚上把自己亲手制作的面包拿回家，和自己的爸爸妈妈一起分享。有了第一次成功的活动后，家长们更加支持我们的活动了。当然，孩子们的开心。家长们的高兴，都来自于精彩的课堂，爸爸妈妈带给了孩子们不一样的课程。一个个生动的教学现场中，爸爸妈妈们化身为"助教"，和老师、孩子们演绎着一个个精彩的故事。

从"助教"到"嘉宾"，助家长们体验成功

"辣妈酷爸进课堂"活动开展以来，我们得到了家长们的大力支持与肯定，家长们都很赞成活动的开展。但在一次与家长们的谈话中，我们了解到了家长们的顾虑：家长们虽说有许多专业知识，但真不知如何讲孩子们才能听得懂。同时，面对热情的孩子们，有时家长们也不知道如何控制场面，不知道如何应对活动中

的突发事件。是呀，虽说活动前老师会指导家长们共同设计活动，和家长们一起制定活动目标，分析活动的教育价值，确定活动的组织形式，但对于爸爸妈妈来说，他们毕竟不是专业的教师，让他们独立承担教学活动，的确是一种极大的挑战。

面对问题，我们没有退缩，而是达成了一个从"助教"到"嘉宾"的活动方案，爸爸妈妈们不再是课堂教学的主角，而是作为"嘉宾"，配合老师完成教学内容。例如在乐乐妈妈带来的"人体大发现"中，老师化身为主持人，仍是活动的主导者，而乐乐妈妈作为活动"嘉宾"，以和孩子们交流的形式进行互动。互动中，乐乐妈妈时不时给孩子们讲述人体的故事，时不时拿出听诊器让孩子们真切地听到自己的心跳声和呼吸声，而孩子们也在活动中不断向乐乐妈妈提出问题。此时的乐乐妈妈没有了无法控制场面的手足无措而显得从容淡定，在老师的穿针引线下，乐乐妈妈与孩子们展开了一场智慧的交锋。

从"嘉宾"到"玩伴"，助家长们陪伴孩子成长

"辣妈酷爸进课堂"活动开展得如火如荼，很多爸爸、妈妈都很想参与到我们活动中，但又苦于自己没有什么特长，不知道能来做什么。面对这种状况，我再次进行了思考。儿童的学习是一个伴随着游戏的过程，幼儿的一日生活都是课程，让家长们参与儿童的学习，就是让家长成为幼儿的玩伴，因此我们再次进行了调整，从集体活动扩展到了一日生活的各个环节，家长们的角色也从"嘉宾"转化为孩子们的"玩伴"。例如在"圣诞老人来我家"活动中，婉煜爸爸就是以"玩伴"的身份，化身为"圣诞老人"，在圣诞节活动当天，带着家长们为孩子们准备的礼物，到班中和孩子们一起游戏。有"圣诞老人"的陪伴，孩子们度过了愉快的一天，而且希望明年的圣诞节"圣诞老人"还能来我们班做客。

从"爸爸、妈妈"到"助教"，从"助教"到"嘉宾"，从"嘉宾"到"玩伴"，家长们在一次次的身份变化中，距离幼儿越来越近了。家长进课堂活动对于家长来说也不再是难事，家长们已经把"辣妈酷爸进课堂"活动当成了与幼儿一起玩耍的机会，愿意将新鲜的事物以游戏的形式带到班中与幼儿们一起分享，带着孩子们一起探索。此活动也从最开始的课程变成了大朋友和小朋友一起玩的游戏，孩子们乐在其中，因为他们能从不同的爸爸妈妈身上了解到不同的知识。现在的"辣妈酷爸进课堂"活动已经成为了孩子们最喜欢的课程。

微信在家长工作中的力量

游向红

微信成为人们生活与工作中沟通交流最为便捷、迅速、理想的工具，速度快、传播广，功能作用强大，冲击着我们的思维与管理方式。在触屏的时代，运用好、发挥好它的功能，对家园沟通有着难以想象的力量。

用微信搭建起家园信任的桥梁

新小班入园，是孩子们人生中的一关，也同样是家长们心理上的一关。以往开学前两周，班中老师中午会给每个家长打一通电话，汇报儿童的情况，给家长一个心理上的安慰。家长们每到中午时分，就会焦急地等着老师的电话。班中3位老师，每个人10名孩子，每个孩子10分钟，两个小时的时间，老师们口干舌燥。但即使这样，新入园孩子的哭声，仍牵动着家长们的心。孩子是否哭闹一整天？孩子吃饭了吗？孩子中午睡觉了吗？孩子能跟老师一起参加活动吗？……

随着微信的使用越来越广泛，微信也成为了家园沟通的工具。我们为每一个孩子建立了电子文档，每天教师会在不同时间段，拍摄一段微视频上传到网络云盘，方便家长观看。当家长真实地看到孩子们的在园生活，看到老师们精心的照顾，提着的心就放下了。

老师们会根据孩子的特殊性，家长不同的关注点，重点拍摄。例如，自我服务能力是入园儿童的一项重要发展目标，入园两个月，小班儿童在老师的培养下都可以自己独立穿衣了，但一些家长不相信孩子能自己完成，担心孩子不会自己穿衣服，会着凉。于是老师把孩子们穿衣的过程拍下来，短短8分钟，全班儿童都自己穿上了衣服。家长们纷纷发来微信说："简直不敢相信这是真的，感谢老师们的培养，相信孩子们是有能力的，为孩子们的成长加油！"

微信让班级活动的透明度高了，家长不进园也一样能看到孩子，家长们逐渐建立起对教师的信任。

用微信连接家长和孩子之间的情感

沟通是人与人之间建立情感的最好方式，微信为有效沟通插上了双翼。

萧萧的妈妈出差去了美国，13个小时的时差，每一个美国的清晨，都已是北京的儿子熟睡的时分，妈妈想念儿子，儿子也想妈妈。于是老师与妈妈约定，给萧萧享受"福利"——在幼儿园与妈妈视频通话。视频中孩子向妈妈述说着他玩的游戏，他画的作品，他搭建的房子，看到听到儿子的妈妈放心了，而看到妈妈的萧萧，开心地向小朋友们说着妈妈给他买的礼物。爱在幼儿园与家庭，儿子与妈妈之间传递。

有一天，毛毛向老师请求："王老师，您能借我手机用一用吗？我想告诉妈妈，今天我在幼儿园里大便了。"老师打开了毛毛妈妈的微信，毛毛和妈妈视频通话，说："妈妈，我今天在幼儿园大便了。"原来早上孩子没有大便，妈妈叮咛孩子，一定要在幼儿园大便。孩子记得妈妈的惦念，要告知妈妈，让妈妈放心。

爱的教育就在真实的生活里。家园间沟通的目的不是只有老师与家长间的信息交流，而是真正满足儿童内心的需要与关怀。微信把人与人的距离拉得很近，也把家园的情感连接得更加紧密。

用微信视频实现家园教育互动

通过微视频呈现事实，让教师与家长的沟通更加顺畅，家园更加合力统一，让教育策略更加准确。

入园三个月，小班老师上传了孩子们歌表演的视频。一位奶奶发现自己的孙子总是站在后面，在班级微群中问老师："为什么总把我们的孩子排在后面？"老师回复："班里的活动从来不排队，每一个孩子的位置都是孩子自己选择的，孩子站在后面，说明孩子还没有站到前面的勇气，我们要尊重儿童的选择，等待他的成长，也谢谢您的提醒，我们会更加关注孩子在自信与大胆方面的培养。"针对这件事情，老师写下三条教育策略：（1）经常走到该孩子身边，让他与老师的距离更近一些；（2）表演不是该孩子的优势，但他喜欢绘画，能大胆绘画，要抓住优势表扬他，增强其自信；（3）引导鼓励该孩子多去表演区，在自由活动中，让孩子自主而自信地慢慢成长。一个月后，孩子在歌表演时，不总是站在后排，能与其他小朋友一起较为自信大胆地表演了。老师把视频又一次发到班级云盘，奶奶看了很开心。

微信视频不是都由幼儿园老师上传的，我们也鼓励家长把孩子在家的视频传给老师，让老师看到儿童在其他方面的成长，以增加对孩子多方面的了解，更好地帮助孩子发展。如，笑笑妈妈传来一段视频，笑笑在家舞动着彩带跳舞，动作舒展、优美，彩带如彩龙飞舞，好看极了。看到视频后，老师让笑笑给全班儿童表演，并让她做表演区的领舞，教小朋友们舞彩带。孩子的兴趣得到极大的鼓励与支持，这有效地促进了儿童富有个性的发展，有效地实现了家园互动。

用微信凝聚起班级向心力

微信圈把人划分成了不同群体，因为孩子在同一个幼儿园，同一个班级，共同的身份把家长紧紧联系在一起，而班级微信圈成为当今班级教师家长们交流互动最高频的一个平台。用好微信群，建立好班级家长文化，形成合力，会达到教师能量无法实现的作用。

把微信作为传播先进教育理念的阵地凝聚大家

不仅老师在微信群中发布育儿经验与做法，广大的家长更成为儿童教育思想的主要传播者。家长的教育资讯广泛多样，且自由发布，这样就形成了倡导先进教育理念的主流意识，慢慢培育起班级家长自觉的、主动的学习氛围，无形中导引着家长的育儿观念，比教师的说教更有渗透力、说服力。

把微信作为班级展示儿童活动的平台凝聚大家

老师们每天上传班级里的活动，国庆节、感恩节、圣诞节、儿童故事会、社团活动、烘焙活动、社会实践，一个接一个的活动，一张接一张的照片，一段又一段的视频让家长目不暇接。家长们看到精彩纷呈的活动，总是在圈内赞叹，惊讶于儿童的能力，感叹于孩子点点滴滴的成长与进步，也感受着幼儿园的教育品质和教师的努力。家长们感动着、感悟着、感激着，用各种方式支持教师、帮助教师，家长的配合激励着教师更加努力地做好工作，家园配合更加默契。

把微信作为彼此交流畅谈的园地凝聚大家

对于班级中的教育及所有大小事宜，家长们都有在微信圈中发表自己意见和建议的权利，并能很快形成讨论，在讨论中达成共识，最后由班级家委会决议。班级的民主管理由此形成，这更进一步推动了班级的文化。来园参加活动的家长们总会主动用手机拍摄活动照片，第一时间发到班级朋友圈里，让没有到园的家长们也看到自己孩子的活动，和谐的班级之风把大家凝聚、温暖在一起，亲如一家。

微信不仅成为我们成人间交流的重要手段，也成为儿童与成人、儿童与儿童间重要的交往手段。用好微信，对家园合作有着重要的价值与意义！

幼儿园门口哭泣的爸爸

甄 娜

金秋 9 月，迎来了新入园的小班的宝宝们。

在孩子们来园的第三天，我像往常一样，早早来到幼儿园门口，迎接每一个孩子。当我把帅帅从爸爸怀中抱过来时，帅帅大声喊着："我不要上幼儿园，我不想上幼儿园！"爸爸的眼角这时也湿润了……我把帅帅抱回班，安抚好情绪后，继续迎接来园的孩子。这时，我发现在幼儿园门口的树丛中有一个高大的身影，眼里充满了泪水，望向幼儿园的门口，那正是帅帅的爸爸。

晚上一到接孩子的时间，帅帅爸爸站在家长队伍的最前面，第一个把帅帅接走了。当我一一给围上来的家长们反馈孩子的情况后，已经是 6 点多了，刚想转身回班，突然听到帅帅的声音："甄老师，我喜欢你！"循着帅帅的声音望过去，帅帅正在和妈妈一起玩耍，爸爸走到了我的身边，说："甄老师，已经 3 天了，每天早上送儿子来幼儿园实在太痛苦了，他每天都哭着不愿意来。昨天晚上我问了他为什么不喜欢来幼儿园，他就说因为幼儿园里没有妈妈。我问他喜不喜欢幼儿园，他说喜欢，因为喜欢甄老师……"还没等我回答，帅帅爸爸继续说："甄老师，您知道吗？他妈妈好不容易怀孕生了儿子，而且为了儿子已经辞职全职在家带孩子了，我们真的受不了孩子有一丁点儿委屈。看着他哭，我们心里特别难受。他哭着说不想来，我这一天什么都干不下去，就盼着您发微信，盼着您给我们发孩子的照片……"就这样，帅帅爸爸反反复复说了半个小时，我也针对帅帅爸爸的担心给予了细心、细致地解答。帅帅爸爸说："可能是我和他妈妈的分离焦虑太严重了。"

"分离焦虑期"是小班幼儿入园时必然经历的一段时期，是孩子离开熟悉的家人时出现的一种消极的情绪体验。我们尝试了多种方法帮助孩子们缓解分离焦虑。例如，通过家访走进孩子们熟悉的家中陪伴幼儿一起玩耍，让孩子们尽快熟悉老师；开展丰富多彩的预入园活动，使幼儿在熟悉老师的基础上熟悉幼儿园的环境，熟悉同伴，等等。近年来，随着"80 后"家长的增多，自己是独生子女，孩子也多是独生子女，所以对于孩子的呵护、关爱尤为明显，家长对于孩子的依赖也更加深刻,入园焦虑情况越发严重。很多家长送孩子来园时,孩子在班里哭,家长在门口流泪,不断地嘱咐老师要多关注孩子的一切,逗留在幼儿园门口不愿离开,一天坐立难安,度日如年,不思饭菜……家长同样面临"情感断乳"的心理冲击,他们担心孩子不适应幼儿园生活常规,担心孩子自理能力弱,老师照顾不好自己的孩子。这些现象在帅帅爸爸身上表现得尤为明显,对帅帅爸爸的这种情况,我采取了以下措施。

措施一:和帅帅爸爸的预约谈话

在和帅帅爸第一次沟通后,我发现帅帅父母的"分离焦虑"比孩子更加严重。每天早上,帅帅爸都要不停地和帅帅讲道理,一直到幼儿园门口;当我们抱起帅帅的时候,帅帅已经松手找我抱,可帅帅爸的手依然还在儿子的身上,不舍得松开。在帅帅爸向我诉说了他的心情后,我和帅帅爸约好,每天晚上我都会和帅帅爸进行沟通,细致地反馈帅帅在园一天的情况,帅帅爸爸对于此项举措非常开心。

措施二:"特殊"的家访

一周很快就过去了,帅帅早上来园的时候,抵触情绪好了很多,能够主动找老师抱着入园,但是帅帅爸爸的情绪丝毫没有缓解,早上刚把孩子送到我手中就说:"甄老师,别忘了晚上的预约谈话啊!"

中午照例给每个家长打电话反馈幼儿情况,电话刚拨通,帅帅爸就接了起来:"甄老师,帅帅怎么样?早上进去后哭没哭?中午吃饭怎么样?吃没吃?上午哭没哭?有没有跟着老师一起做游戏?"没等我说话,帅帅爸一连串的问题向我袭来!"帅帅一进幼儿园门就不哭了,今天上午玩得特别开心;早上吃了一个豆包,两块饼干,喝了一碗牛奶;中午吃了一碗米饭、两个丸子、一点白菜,喝了两碗芙蓉汤……"帅帅爸迫不及待地打断我:"中午睡觉了吗?上午玩儿得好不好……"等我一一解答完,半个小时过去了。我再次分析帅帅爸的情况,父母的"分离焦虑"比孩子还严重,而且很难自己度过这个焦虑期。于是,我和帅帅爸预约了第二次家访,和家长在家中进行更加细致地沟通。

之所以称为"特殊"的家访,因为以往的家访都是因为孩子,而本次的家访是因为家长。帅帅爸妈都非常清楚如何度过"分离焦虑期",也非常明白应该怎样配合老师,只是自身的焦虑太严重,以至于自己身陷其中都不知道该怎么办了。

在家访过程中，我们主动向家长说了我们了解的帅帅：平时都是妈妈陪伴；最喜欢吃面条、包子、鸡腿，不太喜欢吃蘑菇、油麦菜；语言表达能力强，叙事清楚，最喜欢的绘本是《好饿的小蛇》，而且能够完整地把故事讲下来；能够很清楚地表达自己的喜好和需求；喜欢和同伴一起玩耍，社交能力较强；最喜欢奥特曼和汽车……当我们把这些内容说给帅帅爸妈听的时候，他们边听边点头。帅帅爸说："甄老师，没想到仅仅一周时间，您居然这么了解我儿子，我真的是有点儿瞎担心！"

最好的教育是陪伴，和帅帅爸妈沟通后，我还和帅帅一起玩耍、唱歌、画画。帅帅爸爸看到儿子如此喜爱老师，心里顿时放心了许多。

措施三：来自家长的现身说法

至此，帅帅爸妈稍微宽心了些。但是，帅帅爸只是所有家长们的缩影，为了帮助家长们顺利度过此阶段，我们请来了大班的三名家长现身说法，分别讲述自己孩子入园时的真实表现和自己的解决办法，用自身的经历帮助新班家长们用正确的心态对待幼儿的分离焦虑。

其中一位家长分享了"临走前给孩子装十个吻"的方法，用来解决孩子的"分离焦虑"，并建议家长不要把焦虑、不放心的情绪展现或传递给孩子。另一位家长分享了她当时记录孩子每天入园情况的日志，帮助新家长了解孩子入园适应的过程以及作为家长心态的转变。还有一位家长提出："提高孩子的自理能力，建立孩子的自信心，同样也是帮助幼儿缓解分离焦虑的好方法。"在会上，新老家长进行了互动，老家长们知无不言，事无巨细地解答着新家长们的疑问和顾虑，着重介绍了新家长们最关心的园所伙食情况，幼儿间出现交往问题时家长的心态和解决方法，及如何配合班级教师开展好育儿工作等。

座谈会后，新小班家长纷纷发来信息表达感谢，家长们一致认为，相信孩子，相信老师，同时自己也要讲究方式方法，要放心放手，培养孩子的独立人格，帮助孩子们爱上幼儿园。帅帅爸爸在两天后又找到了我，说："甄老师，我发现了，不是孩子离不开我们，而是我们离不开孩子。当我们不再那么焦虑的时候，我儿子真的没事儿了，现在每天都能高高兴兴地来幼儿园了，真的太谢谢你了。"

让新入园幼儿家长不再焦虑

陈文娟

藏在树后的家长

开学一周了,孩子们开始逐渐适应幼儿园的生活,除了早上来园刚分离时的哭闹,在幼儿园的大部分时间已经能够保持情绪稳定了。看到孩子们的状况,我决定将孩子们的活动范围扩大,带他们去户外活动。一开始孩子们情绪还很稳定,突然萱萱就望着幼儿园门外哭了起来,"我要奶奶,我要奶奶",其他小朋友也在萱萱的影响下哭了起来。这是怎么回事?顺着萱萱的视线我往外看,一个身影正躲在大树后面探头探脑地张望,赫然正是萱萱的奶奶。

萱萱奶奶的行为引起了我的思考,幼儿刚入园,绝大多数孩子在刚和父母分离时都会表现得不情愿、情绪低落,更有甚者大哭大闹,家长虽然狠狠心坚持把孩子送到幼儿园,但整颗心却仍然挂在孩子身上,总是担心孩子是不是还在哭,老师有没有安慰。一些家长,特别是隔代家长,甚至偷偷躲在幼儿园附近观望,幼儿看见了家长却不能和他们亲近,家长的这种行为不仅不能给幼儿带来安慰,反而会加剧幼儿的焦虑情绪,延长了哭闹时间。

看来,要让小朋友们顺利入园,不但要解决孩子们的分离焦虑,而且要先解决家长们的分离焦虑,让家长放心。

通过电话沟通,及时反馈幼儿在园情况

为了让家长放心,避免上述现象的发生,我立即召开家长会和家长约定好,家长送完孩子后立即离开,除非必要,中途也不能来园,并且承诺在幼儿入园初的两周时间里,教师会在每天中午给每一名幼儿的家长打电话,向家长报告孩子在幼儿园的情况。两周后,对于入园焦虑严重的幼儿还会继续中午的家园连线。电话中向家长们传递其最为关注的信息,包括幼儿情绪、饮食、入睡等,让家长

安心，取得家长的信任和支持。有的家长工作比较忙，不能及时接听电话，也有的老人对孩子特别关注，想第一时间获知孩子的情况，我们把每个家庭的具体连线人进行了记录，保证家园连线的畅通有效。

经过两周，大部分孩子情绪基本稳定，家长们也对教师建立了初步的信任，家长的焦虑和担心降低。

一日记录，发现进步

由于时间的限制，电话交流所反映的都是主要的情况，对于幼儿每餐都吃什么了、进餐量、幼儿哭闹时间、午睡情况、大小便情况等具体的内容在电话中无法进行详细的交流，因此每天晚接之后家长们都会留下来和老师交流，常常出现一个老师身边围着几个家长的情况。

针对这种情况，经过讨论我们将"一日记录单"作为电话交流的补充。做好人员分工，每一名教师主要负责观察和记录几名幼儿的情况，做到有重点、不混乱，并互相通气，使每一名教师对孩子的情况都心中有数。这样，不仅老师在和家长沟通时能够很清晰沟通重点，而且，通过记录单，家长能够详细了解幼儿在园的情况，同时，通过对比能够发现孩子的进步，明确孩子的主要问题，为家园配合奠定良好的基础。

采撷影像，拉近距离

有部分幼儿分离焦虑不太严重，除了早上刚送来时会哭闹以外，一日活动情绪都很稳定，但是家长不了解内情，看见孩子早上送来时哭了，一天都提心吊胆，对于老师反映的情况也是半信半疑。为了让家长消除顾虑，我们对孩子一天来园的情况进行拍照和录像，及时发到班级微信群中，让家长真切地了解老师是如何开展工作的，清楚孩子在园情况，消除家长的担心和猜测。这也促进了家长与教师间的信任，家长对老师提出的教育要求格外配合、支持。而孩子们看到自己照片、视频，也快乐无比。

通过生活中的小事件，我们设身处地与家长换位思考，更好地理解了家长的感受，采取有效措施缓解了家长的焦虑，为幼儿顺利适应幼儿园生活奠定了良好基础。

幸福的仪式 爱的印记
——绘本《魔法亲亲》让家长和孩子走出"分离焦虑"

游向红

吻是什么？吻是一种表达、一份承诺、一个祝福，也是一种仪式。对于孩子们来说，再也没有比妈妈的吻更让人感到甜蜜、幸福、安全的了。这是我听完班长会，小班老师们解决新入园幼儿"分离焦虑"后深深的体会。的确，新小班入园，孩子们与亲人的分离，对妈妈的想念，及独立面对陌生环境的恐惧，对于孩子来讲是一次巨大的挑战，解决儿童的分离焦虑，是幼儿园教师每年要应对的问题。而老师们的解决策略，让我感觉到这真是一群有智慧的教师呀！

事情要追溯到新小班开学的前一周。"快来看，我找到一本好书！"小三班的王老师拿着刚刚邮寄到的绘本《魔法亲亲》，兴奋地向其他的小班老师介绍着。

绘本《魔法亲亲》。讲的是小浣熊要去学校了，心中充满恐惧，小浣熊的妈妈告诉他，学校有新玩具、新图书、新朋友，并告诉他一个秘密"the kissing hand"，妈妈在小浣熊的掌心印上一个吻，说："当你想我的时候，把手心的吻贴在脸上，妈妈一直和你在一起。"这样，每当小浣熊在学校感到孤独的时候，把掌心轻按在脸颊，妈妈的吻就会温暖他的心，就不会再孤独和害怕了。那天小浣熊去上学，在走进校门的那一刻，他在妈妈的掌心也印下了一个吻，好让妈妈在想他的时候，也可以感受到这魔法亲吻。多么温暖的一个故事啊，老师们读后泪水盈满眼眶。

小二班的冀老师说："这本书太适合刚入园的孩子们了，可以帮助他们缓解'分离焦虑'。咱们把这本绘本推荐给家长们吧！"我想，老师们一定是从书中感受到了一个甜甜的吻带来的温暖和力量，她们想要将这样的感受也传递给家长和孩子，同时也给家长们提供了一种有效可行的分离仪式，让早晨送孩子的时刻不再那么痛苦阴郁，而是充满阳光和温情。

享受浓浓亲情的亲子共读,感受爱的美好

于是,老师们把这样一本书拍下来用微信传给了妈妈们。新小班的妈妈读着这样的一个故事,心中暖暖的、感动着。"看完有一种想哭的感觉啊!""是感动和幸福的眼泪。"几位妈妈这样在班级微信中说道。还有的妈妈说:"看完了绘本《魔法亲亲》,突然好期待孩子去幼儿园,想着孩子们带着我们祝福的吻走进幼儿园,当妈妈的心里就觉得更温暖、踏实了。"的确,《魔法亲亲》不但给了孩子们面对新事物的力量,也给了同样有着分离焦虑的妈妈们一种信心。吻,作为离别前的仪式,代表着妈妈对孩子一日生活最美好的祝福,代表着妈妈浓浓的爱。同时,孩子留给妈妈的魔法亲亲,也让妈妈在一天工作的任何时候想起来都觉得,有一股暖流从指尖涌入内心。而老师们送给入园前妈妈们的绘本《魔法亲亲》,也让妈妈们紧张而悬着的心平静了下来。

发去绘本的同时,小班的老师们对家长提出一条要求,妈妈们在睡前故事时间与孩子们一同阅读这本绘本。孩子们听得认真、入迷,仿佛故事中的小浣熊成为了他们自己。面对着相同的境况,孩子们和小浣熊产生了共鸣。在看到小浣熊带着浣熊妈妈的吻快乐地走进森林学校的一刻,很多孩子都向妈妈伸出了小手说:"妈妈,我也想要一个魔法亲亲。"这时,每一位妈妈如小浣熊妈妈一样在孩子手心留下一个深深的吻,而后孩子也将自己的吻留在了妈妈的手心。带着这个热热的吻,带着故事中快乐、幸福的结局,孩子们进入了梦乡。

感受妈妈纯纯的爱,建立吻的仪式

清早,老师们照例在门口等待迎接每个新入园的小班孩子。远远地,那些小小的身影有的在妈妈身上依偎着,有的紧紧拽着妈妈的脖子,也有的牵着妈妈大大的手向幼儿园走过来了。到了门口,妈妈们都蹲了下来,不哭的孩子说:"妈妈,你给我一个魔法亲亲,我就去上幼儿园了!"这时候,每个妈妈都会给孩子一个大大的、紧紧的拥抱,然后拉过孩子的小手认认真真地亲下去。随后,孩子们也将自己的魔法亲亲送到妈妈的手掌心,那一刻妈妈的泪珠挂在脸上。而依依不舍的孩子即使流着眼泪也在妈妈的手心里留下带着泪水的吻,妈妈大大的拥抱与印在孩子手心的吻,让爱浓得化不开。"亲吻离别"成为了一种仪式,带着彼此的祝福,带着彼此的思念,孩子们小心翼翼地将妈妈的亲亲攥在手心,放进裤子的口袋中,在老师的陪伴下走进幼儿园。

就这样，每当孩子想妈妈忍不住哭的时候，老师就会说："拿出兜里面妈妈的吻，看看妈妈是不是一直都和你在一起？"幼小的孩子此时一定会"掏出"那个带着妈妈温度的、爱的吻放在脸上亲一亲，扬起还挂着泪珠的小脸告诉老师："妈妈就在这里"，然后再小心地把妈妈的吻藏在手心，放回兜里。在这样一个温暖的分别仪式以及魔法亲亲的帮助下，孩子们早晨来幼儿园哭闹得少了，妈妈们的不舍也减轻了。

一天加餐前，小一班的明明在盥洗室里久久不愿意出来。老师走过去关切地问："明明，你怎么了？"热心的小朋友凑过来说："老师，明明不洗手！""不是！"明明立刻撅着嘴解释说，"我一洗手，妈妈的魔法亲亲就洗没了……"说完，他一脸委屈地看着老师。孩子的顾虑体现了他们对生活的认知，也折射出他们单纯美好的内心世界。为了让孩子打消顾虑，许老师找来了仙女棒，在每个孩子的手心施展了一个"跑不掉魔法"。"这下，就算洗手、打香皂的时候'魔法亲亲'也会紧紧地贴在你的手心的！"老师认真地告诉大家，孩子们开心地看着被施了魔法的手掌心。"哇！原来老师也会魔法呀！"孩子们开心地笑了。老师们充分地理解着孩子，追随着孩子，走进了孩子的童心世界，获得了孩子的爱和信任。

带上爱的礼物，体验吻的魔力

通过这件事情，老师们看到离别的仪式和魔法亲亲虽然能够帮助孩子们减轻分离焦虑的痛苦，但是，小班的孩子们更喜欢实实在在存在的东西，他们希望能够看到、听到、感受到。为此，老师们将白天发生的事情，发到了班中的微信群中，引发了家长们的思考。"带张一寸照片吧？"有的家长说。"一寸照片放在孩子兜里怕折怕揉，也不安全啊。"这一提议被其他家长质疑了。"那带一件妈妈的东西？有妈妈的味道。""带上妈妈的发卡？"……大家在微信群中七嘴八舌地出主意、想办法，却也被一一推翻。这时候老师说："大家还是想想，如何带一个有颜色、有味道，又不会被洗掉的吻吧！"听了老师的提议，依依的妈妈立刻发来一张照片，照片中雪白的纸巾上有一枚涂着红红亲吻的唇印。"哇！太棒了！"家长们立刻点赞鼓掌。一个让孩子们随时都能看到的、有颜色、有味道、甚至有体温的"魔法亲亲"应运而生。

随后，每天的小班妈妈们都会放一张新的印有红红的、有味道的唇印纸巾在

孩子身上,每当孩子们想念妈妈的时候,就会掏出来看一看,贴在脸上亲一亲。就这样,妈妈的爱一直伴随着孩子们度过入园的每一天,并且每天孩子们入园与妈妈分别的那一刻也都会在妈妈的手心里印上一个小小的吻,爱的仪式让清晨的入园如此美好。在老师的悉心关怀和"魔法亲亲"的伴随下,小班的孩子们很快走出焦虑,喜欢上幼儿园了,小班的妈妈们也在爱的表达、传递中感受着教师们凭借着一本绘本衍生出的教育智慧与浓浓的教育情怀。

家园共育创造和谐的成长环境

父爱在身边

刘玲玲

"刘老师,今天我爸爸不能参加家长会了。"早晨小宇走到我面前,看着我,不好意思地告诉我。

"为什么?他工作太忙了吧?"我边做着手里的事边问。

"不是,他又出差了。"小宇脸上没有了笑容。

"我爸爸也不能来了,他下班太晚了,他还得接人呢。"瑞瑞随着小宇说着。

"你想让他来参加吗?"我放下手里的事情,蹲下来笑着对他们说。

"当然想了。"小宇两手交叉在一起,缩起脖子,笑眯眯地说。

"我也想让爸爸来,让他看看我们班的小朋友。"瑞瑞左右摆着身体,看着小宇说道。

孩子们对于父亲的陪伴都非常期盼,他们希望爸爸可以在需要的时候陪在自己的身边,希望爸爸能够参加幼儿园里组织的活动,早晨可以看他们做早操,晚上可以在小区的花园陪他们玩耍……

父亲的角色在孩子们成长过程中起着无可替代的作用,而现实生活中爸爸因为工作的忙碌,或者感到自己不擅长照顾孩子,长期处于缺席或观望状态。为了让爸爸们能够走近孩子,走近教育,我们开展了相关活动。

爸爸陪我进"课堂"

从感恩节活动开始,为了能够增进爸爸们与孩子们之间的感情,让爸爸们感受孩子们对父爱的需求,我们开展了主题为"邀请爸爸来参加"的感恩节活动。这次的活动主题一出,妈妈们纷纷表示赞同,她们觉得在孩子的生活中爸爸的作用没能充分地发挥,这次是很好的机会。孩子们当然更是开心,他们喜欢爸爸宽厚的肩膀、有力的大手,可以让他们感受父爱是那么仁慈而宽厚;他们喜欢爸爸独特而有趣的沟通方式,可以让他们自由自在地遨游在奇特而创新的世界。

首先,我们开展"我为爸爸选礼物"的活动,让孩子们充分了解爸爸,并用

自己的零花钱为爸爸送上一份礼物。孩子们在商场里精心挑选着适合爸爸的礼物。

"我要给我爸爸买一个剃须刀,让他每天都干干净净的。"王一一边说边找。

"我要给爸爸买一瓶擦脸油,让他抹在脸上,像妈妈一样香香的。"陈锐熹拿着一瓶擦脸油说。

孩子们都为爸爸精心挑选了一份礼物。拿着自己的礼物,跟同伴交流着自己买礼物的乐趣和对爸爸浓浓的爱意。

其次,孩子们邀请爸爸来参加我们的感恩节活动,让爸爸们感受孩子们的爱,感受孩子们对父爱的需要。孩子们把礼物送到爸爸的手上,说出自己对爸爸的期望和感谢,有的说:"爸爸我爱你,但是我希望你每天除了工作也可以和我一起玩游戏。"也有小朋友说:"爸爸您辛苦了,每次和你去旅行我都特别开心"……孩子们的脸上流露出对父亲深切的爱,爸爸们深深地感动了,眼睛里泛着泪花。有的爸爸轻轻把孩子搂进怀里,有的爸爸在孩子的小脸蛋上吻一下,有的爸爸说:"爸爸也爱你"……活动中,爸爸们深刻地感受到了他们在孩子们心目中的重要地位,感受到了自己身上的责任,也纷纷反思自己陪伴孩子的时间不足。

通过以上活动的开展,爸爸们更加关注孩子,只要一有时间就会和孩子们玩耍、交流,有效提高了父亲在孩子成长过程中的参与度。

爸爸与我共读绘本

班中开展"家园共育读绘本"活动,起初妈妈们是亲子共读的主力军,但是有一天,班中一名小朋友带来了与爸爸读绘本的趣事,其他孩子看在眼里,馋在心里。我把这一趣事和孩子们的愿望通过微信发到家长群中,并倡导爸爸们加入这一活动中。

第二天早上,阳阳进到班里的第一句话就是:"刘老师,昨天我爸爸给我讲故事啦!"脸上洋溢着幸福的笑容。我请阳阳讲了昨天和爸爸阅读的感受,并将录像放到班级微信群中,这引发了爸爸陪伴孩子睡前阅读的"热潮"。每天夜幕降临,便是我们"爸爸帮"展现父爱的时刻,孩子们在爸爸的陪伴下领略故事的内涵,感受父亲独特的讲述方式,真正体会到了父亲陪伴的温暖。

有爸爸的爱和陪伴的孩子是幸福的。促进父子之间更深层次的感情,积累孩子记忆中的与父亲的快乐时光是爸爸们的责任。

教育思考让教师与儿童共成长

在园所管理中，我们深信园所管理的灵魂与核心就是用教师的专业发展促进幼儿的成长，带动园所的发展。本着这一理念，我们从教育思考开始建立起教育策略与管理行为。

善于思考、勤于思考，才能解剖日常教育实践而不断超越和提升自己的教育境界。这里的"思考"主要指"反思"，即教师对自己教育行为乃至教育细节的一种追问、审视、推敲、质疑、批判、肯定、否定……同时，"思考"也包括教育管理者关注、研究、咀嚼、审视别人的教育实践和教育思想。这种反思的习惯和能力正是任何一个教育者走向成功必不可少的方法。但仅仅反思是不够的，它还需要写作来帮助记录。记录自己的感受、总结自己的经验，进而不断提升自己的水平与能力。我们把这种专业记录定义为教育思考。

我们以"至乐教育"理念指导教学实践，以教学实践促进教育者反思，以反思促进写作。我们提出"让教师在专业思考中成长"。在写作时要求做到三点：第一是"日常性"。要把写作当作自己的需要并养成习惯，通过每一天的写作，积累点滴心得，而不是为了期末总结潦草应付。第二是"经典性"。即围绕自己的实践写出自己认为有价值、有意义的原汁原味的经典故事、教育案例，而不是流水账式地记录。第三是"系统性"。要求教师围绕五大领域教育、自主游戏等内容进行追踪式的连续记录，记下自己成长的脚步，留下一串串闪光的足迹。

通过教育思考，老师们能够有效地进行反思，梳理经验，使自身的教育实践更加富有洞察力，使自己变得热爱思考，热衷实践。通过教育思考使教育管理者更深刻地了解教师需要，更贴切地进行教育诊断，更到位地采取管理措施。教育思考，使园所定位和管理更准确，促进了教师的自主成长和专业发展，为实现幼儿更好地发展提供了可能。

让教育发生在儿童真实的生活中

游向红

让儿童在真实的生活中学习，儿童的学习才会变得有意义，特别是对于3—6岁的儿童，他们的学习需要在理解感知的世界里获得，从自己的亲身体验中获得。每一次尝试、体验、冒险、失败与成功都会给儿童带来成长的价值，形成儿童对世界的经验，并在新的生活实践中运用自己的经验，构成新的经验。如此有意义的、有价值的活动，才会被儿童理解和接受。反之，如果所学知识对于生活没有意义，那么任何知识就是一堆没有生气的符号材料，是不可能在儿童的成长里发生作用的。《指南》中也指出："幼儿的学习是以直接经验为基础，最大限度地支持和满足幼儿通过直接感知、实际操作和亲身体验获得经验的需要。"因此，要创造在真实生活中学习的机会，让真正的教育在真实生活中发生。

在择菜中爱上青菜

甄娜老师的新小班里，刚入园的孩子大都不爱吃青菜，于是，老师带孩子们来到食堂后院，让孩子们帮助食堂老师择菜。今天择菠菜，明天择油菜，后天择小白菜，午饭时孩子们看着自己择的菜、洗的菜炒成了菜肴，一种亲切感、成就感油然而生。在老师的鼓励下，原来一口都不吃青菜的孩子，慢慢地能吃一小盘青菜了。

这是教育活动吗？当然是，但又好像不是我们评课标准下的好课，然而就是这样的活动，却实现了我们用多少节所谓正式的教育活动都不能达到的目标与目的。

以往的教育，我们会通过小白兔爱吃青菜，所以小白兔跑得快，长得高来教育儿童；我们还会讲《小青菜旅行记》的故事，讲青菜进到我们的身体后如何变成营养，让我们小朋友长得壮，来告诉孩子吃青菜有多么好；我们讲《小公鸡不爱吃青菜》的故事，让孩子知道不吃青菜容易生病，来引导孩子懂得吃青菜的重要性。这样的课程内容经过老师精彩的讲述，游戏化的活动设计以及信息化手段的运用，再加上层层递进的提问、环环相扣的环节，似乎课上得很成功，孩子们很开心，也很有收获，可是结果呢？孩子们吃饭时仍然不吃青菜。于是老师又耐心地一点一点培养，鼓励"今天只吃一口"，给一个大大的表扬；明天又鼓励"今天再吃一口"，又给一个大大的贴画奖励。孩子没有主动的接受，完全是被动的适应与服从。

分析原因，我们以往的教育脱离了生活本身。择菜、洗菜、切菜、炒菜是我们生活中真实的过程，当一个孩子完全没有看到水灵灵的青菜有多可爱，没有感受到青菜的模样，没有建立与青菜的感情，他怎么可能去爱吃它？青菜于儿童是个概念，是饭桌上口感不太好吃的东西，青菜有营养于儿童更是看不见、摸不着的道理，孩子根本不可能去理解营养是什么。

我们用成人的知识、视角去教育儿童，我们超越儿童成长的自然进度与自然路线，用死知识去教儿童，怎么可能把儿童教活了呢？杜威说："教育即经验的不断增长"，我们必须把吃青菜有营养这样的知识概念，转化为儿童的生活经验，与儿童生活相联系，与儿童的情感相联系。儿童择菜、洗菜的过程，是与青菜建立感情、感性认识的过程，是了解青菜，建立直观经验的过程，更是生活本身的过程，只有回归于生活本身，我们的教育才可能是真教育，儿童才可能获得真发展。

"跳蚤市场"的叫卖

一次，园所开展"跳蚤市场"活动，中二班首先组织孩子们讨论如何才能把自己的东西卖到好价钱。孩子们说要会吆喝，要有好的口号等等，于是孩子们开始设计自己所卖物品的口号。

活动当天，一个孩子因为之前生病请假三天，这天重回幼儿园时忘记带物品了。他翻开自己的书包，只找到3块糖，于是，他开始叫卖"这是海南的糖果""这是坐过大飞机的糖"……很快，他以每块糖5元钱的价格卖了出去。糖果确实是孩子从海南旅游带回来的，坐飞机的经历、海南椰子树的风貌、椰子糖独特的味道，给幼儿留下深刻的印象，引发出他对物品关键、独特的认识，并转化为卖点。这就是真生活，真教育，真发展，任何精彩的课堂设计都无法达到这样的效果，也无法激发出儿童这样的智慧。

在"找家"活动中学习数学

这是大班开展的一个关于学习序数的活动，让孩子们从幼儿园按图找到自己和小朋友家的门牌号。

"至乐"教育案例集

活动发起，孩子们兴致盎然。首先，老师与家长协商好，家长与孩子们共同规划从幼儿园到自己家的路线图。为了画好路线图，孩子们与家长共同学习路线图的绘画与制作，沿着回家的线路实际勘察，做好沿途周边的主要建筑、商店、设施与道路的标记。在制作路线图的过程中，孩子们了解了自己生活的周围世界，了解了各种标志与设施。

随后孩子们在班中选出路线较为适宜的、自愿报名的6位小朋友的家，然后大家再依照图纸自主找到小朋友的家去做客，被选定的6位小朋友的家长对此也全力配合。

"找家"活动中全班幼儿分成三组，每组要完成找到2位小朋友的家的任务。老师让幼儿自己分组讨论找家的方案。孩子们提出小组要有旗子作为标志，每组要选出一名组长；有的组提出每个小朋友胳膊上要系一条丝带，每组的丝带颜色不同，便于区分和辨识；孩子们还说要准备鞋套，因为进别人的家要穿鞋套，这样才算讲礼貌；还有小朋友提议，要准备送给被访小朋友的礼物，因为妈妈说去别人家拜访，带礼物是一件很温暖的事情。

在路上行走是最重要也是最危险的环节，孩子们讨论着关于安全的注意事项，从幼儿园出发要走大道旁边的人行道，细数一共有几个红绿灯，要穿过几条人行横道等。而被访孩子，则要在家里准备迎接小客人的到来。

活动那一天，孩子们既兴奋又紧张，三组朝着三个不同的方向出发了，每人系着一条漂亮的丝带，在阳光的照射下异常鲜艳。小组长们带领大家，按照图纸路线的方向前进，每到一条路的转弯处，孩子们都要看图纸，一起判断决定该往哪个方向走。每到一处红绿灯下，孩子们都会自觉地停下来，等到绿灯亮且安全无车后组长才开始率大家通过。

有一组幼儿在进入小区后搞不清到底是哪栋楼，一个孩子主动说："我去问坐在那里晒太阳的老爷爷去！""爷爷，我们要找海军大院3号楼，您知道是哪一栋吗？"当爷爷告知后，孩子有礼貌地说："谢谢爷爷！爷爷再见！"其中一组儿童找的是1001号，孩子们乘坐电梯到了10层1号，按动门铃没有人开门，敲门也没人应答。孩子们开始分析讨论，一个孩子说，可能不是10层，也许是1层1号。于是，孩子们乘坐电梯回到一层，找到1号门，敲门一看，啊，果真是王博涵小朋友的家。那一刻，孩子们开心极了，情不自禁地欢呼起来。在家里迎接小客人的小朋友，也准备了好吃的和自己最喜爱的玩具与大家分享，并带领小朋友参观自己的房间。而孩子们也拿出自己准备的礼物送给被访的小朋友。

活动中，老师自始至终没有参与过意见。老师的责任就是保护好孩子们的安全，其余事情全部交给儿童自主安排和解决。

活动结束后，孩子们好长一段时间都沉浸在兴奋中，他们讲述着自己小组的经历，述说着自己的感受，讲述着自己遇到问题的解决策略和办法。6位被访小朋友的家长还为孩子们制作了6本活动纪实手册，用照片、文字记录了活动的全过程，给孩子们留下了珍贵的记忆。

以往我们的教育大多会陷在知识的传授上，用尽各种办法教孩子们理解和练习序数的概念。比如看着图指一指，楼房第一层、第二层；森林里的小动物赛跑，小兔第一个、小马第二个；电影院小敏坐在第一排第五号、小明坐在第二排第三号等。我们自认为是为了儿童的发展，促进了儿童认知、思维、社会性等等，而实际上忽视了儿童学习知识、进行思维真正的价值意义是为了真实的生活、快乐的生活，是为了觉得生活充满趣味。

北京教育学院季苹老师说："师生头脑中有四重世界：（1）每个人都有一个生活的世界；（2）在知识的学习中，直接面对知识的世界；（3）要理解这些知识需要进行思维，从而进入思维的世界；（4）还有一个意义的世界，意义的世界也就是经验的世界。"事实上，孩子的经历、知识和思维要转化为经验，成为生命的内容，需要一个条件，那就是意义。没有意义，具体知识就是一堆没有生气的符号材料，没有意义的思维运行是被动的，干枯的。

以上的三个事例活动说明只有把儿童的知识世界、思维世界与儿童的生活世界、意义世界相联系，儿童在感觉有意义、有价值的活动中，才能积极主动寻求解决问题的方法，发展自己的思维，丰富完善自己已有的生活经验，才能在整个亲身体验中完成自我精神世界的建构。

珍视孩子的游戏

陈 洁

《3—6岁儿童学习与发展指南》中指出，幼儿的学习是以直接经验为基础，在游戏和日常生活中进行的，因此我们要珍视游戏在幼儿成长过程中的价值。

事件回顾

大班区域游戏：在商店里，4名小朋友正在商量分配角色。

分配角色小风波

谁来当售货员谁来当顾客，成为孩子们商量的重点。维维大声地说："今天我想当服务员，因为我特别想赚钱。"木木说："我也想当服务员，我想卖东西。"雨点说："我想当服务员。"另一个女孩说："我是管理人员。"没有小朋友选择顾客。由于缺少顾客，他们第一次商量没有结果，没办法进行游戏。大家就在商店里东看看西看看，没有事情可做。

想到了新办法

在区域里没有目的地走了一会儿后，他们发现没办法进行游戏，于是就回来继续商量各自的角色。维维先说："我昨天就是服务员，今天我还当。"木木说："我就是想当服务员，左老师说让我今天当的。"雨点说："我没当过呢，我也想当。"女孩说："我是管理人员，我管理得好，左老师说我管理得好。"……大家七嘴八舌地说着，仍然是不能说服其他小朋友。

通过两次商量，我发现孩子们的对话在发生着微妙的变化。第一次商量时，孩子们阐述的是自己的愿望，在不能形成大家一致的意见时，进行了第二次讨论。在这次讨论的过程中，幼儿申请角色的理由出现了变化，每个小朋友都找到了一个希望能够被大家认可的理由，如"我没当过""老师说我当服务员当得好""老师说我管理得好",等等,还搬出了老师的评价。这些理由的出现,说明孩子们在第一次讨论的基础上进行了调整,尝试去解决问题,并努力找到一个希望被大家认可的理由,从而确定自己的角色身份。可是大家的理由都比较充分,所以这次的讨论还是以没有结果告终。因为大家对角色的需求是一致的,彼此都不让步,所以孩子们没办法开展游戏,他们的表情有些沮丧。

出现转机

就在游戏没法进行,大家无所事事的时候,木木突然对维维说:"维维,你昨天就是服务员,今天你当顾客吧。"看来木木是抓准了维维当过服务员,想让他谦让,让出服务员的角色。但是维维摇摇头,表示不同意。女孩大声说:"要不咱们手心手背吧。"除了维维,其他3名幼儿都同意。于是他们通过手心手背的游戏选出了服务员,而维维没有参与,在一旁看着他们。这时木木走过去对维维说:"维维你快点吧,你当顾客,要不游戏时间该到了,咱们都玩不成了。"维维看了看大家,点点头,开始了自己顾客身份的游戏。

分析

在这个案例中,几名幼儿一直在尝试解决问题,并不断地调整解决方案,直到大家都同意,并开始游戏。从这个案例中,我们看到了幼儿社会性的发展,幼儿有要求别人注意、与别人交往的需要,良好的同伴关系能让幼儿产生积极愉快的情绪反应,有利于形成和发展幼儿积极的自我概念,增强合作的行为。

我们知道,幼儿的许多社会性学习都是在游戏中发生的。在这个游戏中,孩子们因为角色的选择而出现了问题,但他们没有放弃游戏,而是寻找方法继续,最后以手心手背的游戏形式分配了角色,协调了伙伴对角色的认可。幼儿在游戏中往往更乐意接受与自己水平相当的伙伴的建议,所以在形成了大家一致认可的意见后,孩子们一起玩就显得非常有意义了。我们教师要认识到孩子们协商解决办法的过程也是学习的过程,因此要给予幼儿充分的时间,让他们一起讨论、交流,在互动中学习交往、理解交往的基本规则,不要看见孩子遇到困难就急于介入,那样做会导致孩子错失自我解决问题的好时机。

在分配角色的过程中,孩子们知道了个人要服从集体的规则与要求,他们

自主学习,建立认同的规则。通过解决问题,孩子们逐步学会了与同伴相处的方法。

这类规则游戏可以极大地促进幼儿之间的互惠而迈向社会性道德的发展,帮助幼儿理解尊重规则的意义与作用,从而为他们接受与理解更广泛的社会规则及其意义奠定基础。

《好饿的毛毛虫》是这样阅读的

游向红

幼儿园里又在开展绘本《好饿的毛毛虫》的阅读活动,这真是一本好书呀,如果说有一条虫子能一路畅通无阻地从一个国家爬到另一个国家,那么就是它了!30多年来,这条从艾瑞克·卡尔手里爬出来的红脑壳、绿身子、高高地弓起来走路的毛毛虫,已经"吞噬"了世界上2000多万个孩子的心。这是一本充满了诗情与创意的图画书,有那么多可讲、可看、可悟、可感的内涵。那只好饿的毛毛虫,就是每一个孩子的童年,那个充满着未知,充满着新奇,充满着诱惑,充满着希望的一天又一天,还有那一天又一天里好吃的食物,给了毛毛虫成为美丽蝴蝶的精神给养与物质给养,让我们感受着成长的力量。而老师们引领孩子们对绘本的阅读方式,更给了孩子们不同的发展阶梯与快乐。

毛毛虫成为了儿童自己——小班《好饿的毛毛虫》这样阅读

进到小班中,看到分成三个小组的儿童在分别做《好饿的毛毛虫》绘本活动,显然这已经不是第一次了。一组儿童在利用沙盘讲述《好饿的毛毛虫》的故事,孩子们操作着沙盘教具按照绘本的情节星期一、星期二这样的顺序,边讲述边取出自制的苹果、梨子等,边摆放边点数,孩子们把毛毛虫讲成了一个情景剧,并在构想着情景剧的场景;另一组是美术活动,儿童用长长的豆角做毛毛虫的身体,在制作和绘画这只好饿的毛毛虫,鼓鼓的、弯曲不平的长豆角,真像毛毛虫一路吃在肚子里的食物,孩子们添画着毛毛虫的脚,画着那好吃的冰激凌、苹果等食物,重新构建着这本书的篇章;第三组儿童在剪绿绿的树叶,并用打孔机在树叶上打孔,如同绘本所展现的那样,孩子们在做那只啃穿了树叶的毛毛虫,等待着成为那只蛹,然后破茧而出。

多好的绘本活动呀!绘本不仅是用语言来讲的,更是用心灵、用身体来感知触摸的。当孩子们用打孔机在树叶上钻孔的时候,他已经是那只毛毛虫了;当他们把长豆角旁边画上毛毛虫爬行的脚时，他们已经开始与毛毛虫一同成长了。好绘本一定是与孩子们的成长经历相契合的，孩子们在书里面一定能找到那个自己。因此，老师在组织设计上，要儿童亲历了绘本中的角色毛毛虫，让儿童成为书中的主角。就如同我们成人读一本书，我们记忆深刻的地方，一定是与我们曾经的经历最相似的地方，因为他触动了我们最真实的情感。无论痛，还是温暖！好的绘本一定是教会儿童成长，教会儿童生活的。

走进另一个班级，我们看到墙面上贴着由孩子们通过涂色剪纸制作而成的毛毛虫，而毛毛虫的头部贴的是班里孩子们的大头照，在这里，一个个可爱的孩子变成了一条条可爱的毛毛虫。此时老师们正在引领着孩子们讨论："你这条毛毛虫最爱吃什么？"孩子七嘴八舌地说着："我爱吃甜甜的草莓。""我爱吃棒棒糖。""我爱吃提拉米苏。"……于是每条毛毛虫的身边都有了一个好吃的，或一截火腿，或一个纸杯蛋糕，或一块樱桃派，那是儿童自己绘画的作品。我一下子就被这充满童趣的创意与活动打动了，不由得对老师的童心和爱意钦佩起来。在这里，孩子们不再是局外人或一个简单的阅读者，而真的成了故事中的主人公——那只好饿的毛毛虫，它最终会变成翩翩起舞的美丽蝴蝶。

感受生命的成长——中班《好饿的毛毛虫》这样阅读

走到中班，老师开展的是《好饿的毛毛虫》的音乐活动，孩子们分成小组自己创编舞蹈。孩子们讨论着动作，讨论着如何表现……各组展示环节到了，在安静舒缓的音乐下，孩子们有的抱着自己的脚踝，弯下腰；有的抱着自己的头，蹲下来；有的抱着自己的双腿，跪下来，不同的姿态都做成一个蛋卵的形状，这是孩子们在用身体动作表现毛毛虫在卵时期的生命。随着音乐声慢慢升高，孩子们开始扭动着身体蠕动，那是生命的蠕动。终于，那只毛毛虫破茧而出，开始了生命的成长，孩子们把身体当作毛毛虫在活动室中爬行、旋转着身体行走，有的表现在钻过树叶，有的表现在啃吃棒棒糖。每一只毛毛虫都在寻找着生命的轨迹与成长的方式，每一只毛毛虫都有自己的所思所想。当音乐再次低沉而安静下来的时候，孩子们又成为等待另一次生命蜕变的蛹，静静的。当音乐激扬而热烈的时候，孩子们把彩色的长纱巾挥舞起来当作翅膀，在天地间尽情绽放生命的美丽。

我想这只好饿的毛毛虫的经历，一定会让表演毛毛虫的孩子们记忆一生，感受生命的成长与力量，并怀揣着这样一个美丽的梦想最终成长为美丽的蝴蝶。这样的绘本阅读一定是孩子们的期待，同样也成为了我的期待。

为孩子种下幸福的种子——大班《好饿的毛毛虫》这样阅读

进入大班，我看到了以《好饿的毛毛虫》阅读活动为主题的展板墙。展板中有《好饿的毛毛虫》作者艾瑞·卡尔的照片和生平介绍；还有艾瑞·卡尔其他绘本作品，如《北极熊，北极熊，你听到了什么？》《小种子》《棕色的熊，棕色的熊，你在看什么》等书的照片介绍；也有孩子们正在用自己绘画制作的《好饿的毛毛虫》的故事图画进行讲述的照片；有孩子们正在观察介绍毛毛虫变成蝴蝶的生长过程的照片；还有孩子们正在阅读艾瑞·卡尔另一本书《海马先生》的照片。

小小的展板并不大，但我已经领略到了老师们对于绘本教学的理念，对于儿童发展的理解。我们不仅让孩子们喜欢阅读这本书，同时还帮助他们了解这本书的作者和作者的其他的作品，并对作者产生尊重和感激之情。启发孩子们的好奇、激发儿童想要阅读其他书籍的愿望，并养成一生的好习惯。

对于同一本绘本，我们依据孩子不同的年龄发展水平开展不同内容和程度的活动。老师们不仅仅是让孩子们读这本书，了解这本书，更重要的是引导孩子们通过各种阅读方式了解世界。教师在把世界带进教室，把世界带给儿童。

等待是一种智慧

陈 洁

安全的位置

一次音乐活动,孩子们自己选择了不同的位置分散站好,听着音乐欢快地做着各种动作。老师将这次音乐活动的视频传到了班级云盘上与家长共享。囡囡姥姥看到这段视频后,发现囡囡站在离老师有一定距离的地方,就在微信中询问老师:"老师您好,她(囡囡)是每次表演都站在后面吗?我们的孩子有些胆小。"

许老师回答说:"孩子的位置是自己选择的,老师不能够人为地进行安排。因为每个孩子是不同的,在孩子心中,他选择的位置最能给予她心理的安全感,因此我们要尊重孩子的选择。我们要相信,孩子有一天会自己走到前面来的。您放心,我们会对囡囡在日常工作中进行关注的。"

思考

从这个案例看有两方面的问题,一方面是家长层面的,家长对幼儿在园的表现产生了疑问,家长的问题显然是针对孩子站在比较靠后的位置,对孩子在园有了担心,担心孩子胆小,同时也怕孩子失去教师的关注;第二层是教师日常对孩子关注的问题。除了这两层问题,还有最关键的一个问题:孩子自身的发展问题。

当我们站在孩子发展的角度看这个问题,就能发现是孩子自我认同度的问题。自我认同度是孩子在社会化的进程中出现的自我认同的阶段,自我认同程度的高低在很大程度上影响孩子是否变得自信自立。我们在观看囡囡在视频中表现的时候,能够看到她有些紧张,做动作时她的眼神先看别的小朋友的动作,然后再和大家一起做。

孩子的自我认同度与外界反馈存在密切联系,主要表现为孩子对自己行为判断的重要标准完全依据他人,尤其是亲人的评价。幼儿自我评价的特点是从成人的评价到自己独立评价;从对外部行为的评价到对内心品质的评价;从比较笼统的评价到比较细致的评价;从带有极大主观情绪性的自我评价到初步客观的评价;开始以道德行为的准则进行评价。

幼儿的自我评价能力还很差,成人对幼儿的评价在幼儿个性发展中起着重要作用,因此成人必须善于对儿童作出适当的评价。作为老师,适当的鼓励与表扬对孩子很重要,能够促进孩子自我认同感的建立,对孩子有积极的影响。

做一个优秀的守护者

作为老师应关注幼儿成长的不同阶段,关注幼儿的心理特点,从自身工作到指导家长如何做,家园共同配合,真正促进每一名孩子的健康成长。孩子对自己的看法对他们的性格发展影响极大,自信心对一个人一生的发展无论是智力上还是性格上,都有着基石性的支持作用,同时自信心是一种催化剂,能促进人的潜能最大限度地发挥出来。

对于囡囡除了在幼儿园的关注,还要做好家庭中的指导:

1. 老师会随时观察囡囡的情况,用眼神、用竖大拇指、用语言等多种方式,适时给予孩子鼓励,从而通过教师的肯定,帮助孩子建立自信心。

2. 指导家长在家里,多鼓励、肯定囡囡,把孩子的情况及时反馈给老师,共同做好家园配合。

我们在工作中会遇到一些各式各样的孩子,他们的表现各不相同,教师要遵循孩子内心的成长速度,尊重他们的选择,适时地给予鼓励,建立他们的自信,我们相信孩子最终会自己选择合适的位置。

教师就是孩子们的守护者,做一名优秀的守护者就在于对幼儿生命节奏的尊重,知道孩子的成长并不以外部时间为标准,他们是按照自己的节律、自己的时间长度、自己的成长速度萌发、持续或改变兴趣、发展和成熟的,这就是儿童自己的时间,从而让教育行动合上幼儿成长的节拍和速度。

让心灵到达孩子的世界

陈 洁

童眼看童心

这是发生在午餐时的一个小故事,我把它起名为《施了魔法的小豆子》。

一天中午,小班的孩子们正在津津有味地吃着午餐,在一张桌子中间的公共用盘里,几颗豌豆出现了在了盘子中央,是今天菜里的豌豆被挑了出来。老师看了看孩子们,问:"小豌豆是哪个小朋友拿出来的?"坐在这张桌子旁的孩子们都摇摇头。"小豆子是怎样跑到盘子里去的呢?"老师问道。这时维维用大大的眼睛看着老师,认真地说:"一定是小豆子施了魔法,跑到盘子里边去的,它们是从我的盘子里跑出去的。"维维刚一说完,我和老师们情不自禁地笑了。看着维维稚气童真的小脸,听着他充满童趣的话语,我为孩子们的纯真感动,为孩子充满奇特的想象世界而惊叹!为孩子们的率真而赞叹!

在这个故事中,有两个关键人物,一个是老师,一个是孩子。

1. 老师的惯性思考

首先我们从老师的角度看,老师看见豌豆在公共盘里时的第一感觉是认为有孩子挑食了,这时我们老师的责任与使命自然地表现出来,所以老师问孩子豌豆怎么在公共盘子里。出现挑食的现象后老师还会根据孩子的情况,进行不挑食的教育,引导孩子们喜欢吃豌豆。老师用自己的眼睛,用自己惯性的思考与成人的角度对这件事进行了分析,用标准、规则、要求去衡量事情。

2. 孩子的特殊本领

再看看小维维,显然没有把挑食与小豆子在盘子里的事件进行联系。从孩子的表现中我们能看到孩子是用自己的生活经验去建构他们眼中的世界,他们的想象、他们的游戏随时发生,他们的世界充满幻想。

3. 教师要学会的另一课

幼儿不同于成人,他们有自身特定年龄阶段的身心发展特点和规律。在他们眼中,大自然是一个有着无穷奥秘的迷人世界。而在成年人看来往往是异想天开、白日做梦,于是就急于用自己认为正确的"有效的指导"与"正确的答案"击碎儿童的梦想。作为一名幼儿教师,我们更多的智慧是在于和孩子一起看他们的世界,感受孩子世界的美妙,从孩子的视角看孩子的世界。幼儿和我们生活在同一个世界,但他们的眼睛和心灵所感受的和我们成人不同。孩子们的世界是童话的,充满幻想的,是五颜六色的,此刻豌豆怎样跑出来的已经不重要了。这个小故事更让我们反思,在日常的生活中我们以什么样的心态面对孩子成长过程中出现的各种各样的的小故事,如何真正走进他们的世界,与他们同一个视角发现世界的美好?

在孩子的游戏里真实

案例:"奔跑吧小宝贝"

这是一次大班学习序数的活动。活动改变了以往集体教学、操作材料的常规做法,而是和孩子们商量,将学习序数的活动放在了幼儿生活中进行,在真实的生活中解决问题。活动以去小朋友家做客为线索,由孩子们分组进行策划:去谁家、怎样去、怎样辨别门牌号、怎样做客;请家长协助下绘画出路线图,并在图中标明路边明显标志物、途中经过的路口、小区名称,楼号、单元号、房间号等详细信息,经过孩子们的共同商讨,最终选出了到6位小朋友家做客。

经过前期充分的准备,6个小组兴高采烈地出发了,每组由选出来的组长带领,系上本组的标志丝带。在找家的过程中孩子们一起看地图、共同商量、寻找标志物、礼貌问路、自觉遵守交通规则,经过孩子们的努力,顺利地找到了小朋友的家。期待已久的小主人热情招待小朋友,准备了水果、小礼物,并把自己喜爱的玩具毫不吝啬地拿出来与大家进行分享。

数学源于生活、根植于生活,数学认知是以解决问题为核心的,幼儿园的数学活动就要从孩子的生活经验和已有的知识点出发,改变幼儿被动接受的学习方式。我们知道孩子们喜欢玩游戏,因为游戏是上天赐给孩子们的礼物,更是幼儿的伙伴,将数学的学习放在幼儿的生活中,运用游戏的方式,在对生活的探索中发现数学的奥秘。在这次活动中，通过设计到小朋友家做客，引导孩子们辨认楼号、辨认楼层、识别门牌号，进一步加深幼儿对序数的理解，增强学习数学的趣味性，使幼儿体会到生活离不开数学，感受数学与生活的密切联系，发现生活中的问题，从而借助生活经验，学会探索解决数学问题。

活动区中的新气象

张 俣

《3—6岁儿童学习与发展指南》（以下简称指南）的颁布，为幼儿园区域活动的开展提供了更科学的导航。《指南》中指出教师要为幼儿"提供自由活动的机会，支持幼儿自主地选择、计划活动"。区域活动正是为孩子创造了这样的机会，可是如何"支持幼儿自主地选择、计划活动"呢？全部支持了孩子的自主选择，老师的作用又是什么呢？怎样实施才合适呢？带着这样的思考我们也尝试着进行了几方面的调整与转变。

尝试——从乱象中找问题

首先，我们延长了幼儿区域活动的时间，由原来的半小时变为一个小时，给孩子们更充裕的时间进行自主游戏。其次，取消了各区域人数的限制，孩子们可以根据自己的计划选择喜欢的区域。没想到这样一来让班级中的孩子们全乱了，大多数的孩子都跑到了娃娃家和建构区。当看到娃娃家和建构区一下子涌入了那么多人，而其他区域的人却很少，这时本能地特别想去调节人数。当看到孩子们在拥挤中因为一个玩具而争抢时，也特别想去制止或帮忙解决，但在新观念的引领下，我还是控制住了自己的本能想法，而更多的是去观察幼儿的行为和需求。

从观察中我们确实发现了很多的问题。

问题一：各区域空间的分配几乎一样。班级中每个区域所占有的空间比例基本相同，所以以前为了让每个区域的幼儿玩得"舒服"，我们就设计了进区卡、小脚印、计划表等一些限制区域人数的做法，这其实就是人随物动。而在《指南》的引领下我们更看重的是幼儿的需求和发展，所以现在就是物随人动，各区域的空间比例就应该随着孩子的兴趣与需求随时进行调整。

问题二：高结构材料制约孩子的发展与创造。在观察孩子选择区域材料的过程中，我们发现区域中的很多玩具是孩子们从来不碰、不玩、不选择的。这些材料也都有一个共同的特点，就是全部属于高结构材料。比如，镶嵌类、配对类、数学类等玩具，它们可变性小，可塑性差，孩子们玩几次就不再会去选择了，所以应该减少高结构材料的投放，多增加低结构材料。

问题三：材料的摆放不便于幼儿游戏。美工区的乐乐想进行绘画创作，她先从右边的玩具柜里找来了白纸放在了桌子上，然后又跑到左边的玩具柜中开始找画笔。她拿了一盒水彩笔放在桌子上准备开始画画，打开水彩笔盒拿出一根黑色水彩笔开始在纸上画，可一画黑笔不出水了，干了画不出来，于是她又换了一盒水彩笔，打开这盒一看没有黑色的笔，之后她又换了一盒，这盒的黑笔终于能够画出来了，乐乐开始画了起来。乐乐用黑笔画出主体后，准备开始涂色，结果又遇到了有些笔不出水或没有笔的现象，结果乐乐反复找出了4盒笔全部摆在了桌子上，就在这样的"坎坷"中乐乐最终完成了自己的绘画作品。看到这一幕让我既欣慰又愧疚，欣慰的是乐乐并没有因为材料给自己带来的种种麻烦而放弃，愧疚的是这种种的麻烦却是由于我们在投放材料时没有考虑到这些细节而造成的。

调整——打造开放的区域环境

通过对幼儿的观察及对问题的分析，我们再一次对活动区进行了调整。在区域空间的设置上，我们将孩子们喜欢的娃娃家和建构区的空间比例加大，并把娃娃家分出了客厅、厨房、卧室三个区域，而建构区则是选择了一块开放性区域，不再是一个封闭的小角落，这样孩子们的搭建可以有更多的延展性。我们还将一些区域调到了活动室中间，合理地利用空间，并且将区与区之间都留有通道，方便孩子们在区域中穿行，从而找到自己喜欢的区域。在材料的投放上，我们将高结构的玩具材料进行了替换，投放了更多的利于孩子们变化与创造的低结构材料，如：橡皮泥、纸黏土、拼插类玩具、自然物等。在材料的摆放上我们注重了材料的可视化、便捷化。通过观察我们发现，让孩子看得见的材料会方便他们去选择，所以我们将放在盒子里的材料全部展示了出来，并将以前用的不便于幼儿观察材料的玩具筐换成了透明的筐，这样更方便孩子们寻找自己需要的材料，不至于再一筐一筐地翻。将美工区一盒盒的画笔全部按颜色分类，每种颜色放在一个纸杯中，不同颜色的纸杯放在一个玩具筐中，这样孩子们再进行绘画时就不用一盒一盒找颜色了，可以将这个玩具筐放在桌子上，既节省桌面空间，又方便幼儿共同使用。并且，我们将美工区中的材料也进行了分类，将绘画类、泥工类、折纸类、废旧物类等材料按类别进行了整理与摆放。如绘画类是将各种纸张、颜料、画笔等都放在一个玩具柜中，方便幼儿取放。

转变——实现孩子的自我发展

在重新调整了活动区后，孩子们的活动状态有了很大的变化。

变化一：自由。开放性的区域环境没有了进区卡、小脚印制约，没有了区域之间的界限，也没有了区与区之间的距离感，而带给孩子们更多的是自由。他们可以根据自己的喜好选择不同的区域，可以在区域之间交流、穿行，还可以进行区域间的联合游戏，这种自由也给了孩子们更多发展与创造的机会。

变化二：专注。孩子们在自己感兴趣的事物中变得更为专注。再也看不见孩子们因没选上自己喜欢的区域而显得无所事事、东张西望。现在的他们一个个都十分专注，甚至有时留着鼻涕都顾不上擦。有的孩子还能坚持两三天在一个区域中完成一个作品。

变化三：创造。在专注中孩子们才会有更多的想法和创造。孩子们有的自制了纸牌多米诺，有的成为了泥工小能手，还有的利用插片建造了航母、战舰，等等。一个个的奇思妙想不断地涌现，可见孩子们不是没有想法的，只是缺少了这样一个支持他们想法的环境，让孩子实现自我发展。

在这其中，老师们也有很大的转变，学会了以孩子的视角看问题，不断地转变自己的观念，知道要多观察幼儿，了解幼儿的需求与想法，并能根据孩子的需求调整活动的空间和材料，从而支持孩子的发展。相信在《指南》的引领下，我们一定会做得更好！

新材料的探索

张 俣

今天美工区投放了新的材料，一个是可以挤出来的水彩颜料笔，另一个是画笔刷。新材料的投放一下子就吸引了孩子们的注意力，在美工区的几个小朋友大多数都选择了新的材料来尝试。看到孩子们都选择了新材料，我就在想用不用为孩子们介绍一下新材料的使用方法？没有老师的指导孩子们会正确地使用新材料吗？这样的疑问刚有所闪现，很快就被新的观念所推倒，要相信孩子的能力，要等待孩子的发现。于是我改变了以往由老师介绍新材料的方法，而是让孩子们自己去探索。

轻而易举的第一步

孩子们很快就每人拿起了一个水彩颜料笔，这种颜料笔是可以挤出来直接在纸上进行绘画的，但在颜料出口处却有一个小盖，使用前需要把盖拧开。小乖动作最快，拿起颜料笔就开始在纸上画，可是她挤了挤怎么也不出水，于是她开始观察这支笔，这时她才发现笔是有盖的，之后她边拧盖边和其他小朋友说："有盖，要拧下来。"其他的小朋友听了她的话也知道了第一步的使用方法，就这样，第一个难题迎刃而解。

一个不小心引出的手印画

孩子们用颜料笔开始在纸上进行创作，小乖用笔在纸上画了一朵花，峦峦在纸上画了一辆车，可一不小心手将刚刚画好的车蹭了一下，画好的线条一下在纸上晕染开来，看到了变化的峦峦又用手在颜料上蹭了蹭，觉得很有意思。接着他到玩具柜里拿出了新投放的画笔刷，用画笔刷在颜料上开始随意地涂抹，感受着颜料在纸上晕开所带来的色彩美。这时旁边的木木看到峦峦的行为也开始效仿起来，也拿来了画笔刷在纸上随意涂抹。看到这儿我不由得担心起来，难道孩子们只是用新材料随意地涂抹吗？这可不是投放新材料时的目的。同时，我也再一次地反问自己，若没有老师指导，孩子真的会玩吗？当我正思考的时候，一个声音打断了我："老师，你看我的手。"这时木木的小手上已经粘满了颜料，正举着小手让我看，我看到旁边的峦峦也正在用手涂抹着画纸上已晕染开的颜料。这时的我真不知道该如何指导了,是应该及时制止他们这种没有目的的随意行为,还是应继续等待孩子们的发现?在纠结中我还是选择了继续等待。只见这时木木将粘满颜料的小手在纸的空白处按了一下,看到自己的手印出现在纸上很是兴奋,他看了看自己的手接着又按了一个手印,并指着自己的手印说:"峦峦快看!"峦峦看了他的手印也学着在纸上按了起来,很快纸上仅有的一点空白已被手印占满。这时木木又去拿了一张新画纸,两个人开始了手印画的创作,木木先在纸上印了三个黄色的手印,接着峦峦又印了两个绿色的手印,之后他们又分别印上了颜色不同的手印,最后一幅漂亮的手印画出现在了美工区的展示墙上。手印画的产生是我万万没有想到的,当看到木木和峦峦一起将他们合作完成的作品粘贴在美工区的展示墙上,并向别的小朋友兴奋地介绍时,我很庆幸当时没有去阻止他们的行为。要在以前,我们肯定会觉得孩子的这种行为是瞎玩,会去制止。但换个角度想,孩子们其实是在探索颜料与画笔、颜料与自身的关系。如果我们不去等待孩子的探索,那么会让孩子们失去多少这样的发现与创作的机会呢?

巧妙地使用材料

峦峦和木木的随意创作非但没有影响到小乖的绘画,还让小乖从他们的涂抹中借鉴了使用材料的新方法。小乖用颜料笔在画面的左上角先画了一个圆,之后又在圆的周围画了一条条的放射线,可以看出她在画一个太阳,之后她在圆的中间挤了一些颜料,又拿起了画笔刷将圆中的颜料晕染开,把颜色填满整个太阳。太阳有了饱满的颜色,显得格外温暖。比较之前画面上只有一个个线条画成的小花,这样的太阳让画面变得更为生动。画完太阳小乖又在画有一朵朵小花的下面用颜料笔挤上了一横条金黄色,之后又用画笔刷将这条金黄色的颜料从左至右晕染开,这样就让小花长在了土地上。小乖看了看自己的画,开心地对我说:"老师,看我画的春天。"我对她说:"你画得很棒,更棒的是老师看到了你今天对新画笔的使用非常巧妙,一会儿你能把你的使用方法给全班小朋友介绍一下吗?"小乖开心地答应了,并在区域小结时将方法进行了分享。从小乖对材料的观察与使用中可以看出她真是一个很聪明的孩子,不仅能够借鉴他人的方法,而且能将方法巧妙地运用到该用的地方,很好地完成了自己的作品。

通过今天在美工区观察孩子们使用新材料的情况,我再一次体会到"相信孩子的能力、等待孩子的发现"是多么重要。作为老师,我们要敢于放手,耐心等待,静待花开!

发挥教师特长，引领自主发展

张 俣

在信息技术迅速发展和教育教学改革不断深入的今天，信息技术在幼儿园教育教学领域的运用越来越广泛。信息技术作为现代教育的一种新手段、新工具已经来到了我们身边，目前园所每个班级都配备了电子白板，教师们也对信息技术的学习需求显得越发强烈。为了满足教师们的需求，我们成立了"信息技术支持小组"，其目的是了解教师们在运用信息技术开展教学方面的困惑和难点，从而更为有效地帮助、指导教师解决难题，提高教师专业水平，促进教师专业发展。

新思考引发的新转变

之所以创新方式，是源于在管理上的新思考。在以往的管理上我们一直存在着保守的思想，不敢放手，以经验去看待教师，觉得老师们需要这样的培训，需要那样的学习，却不知这样被强行安排的学习、培训是否是所有老师都需要的、感兴趣的，这种学习是否能够满足教师的发展？我们在教育中总强调让孩子自主发展，但对于老师我们却有所忽视。教师最需要什么样的培训、需要学习什么、如何自我成长与发展，应该由她们自己决定。于是，我们创新了促进教师发展的方式——成立了以教师群体为主体，为教师自主发展提供服务的组织。从教师自身出发，为教师创设一个自由、宽松、民主、开放的空间环境，让教师能够在这种环境中展示自己的个性、发挥自身的特长，从而有效调动教师的主观能动性，让教师成为发展的主体。在成立"信息技术支持小组"后，老师们在信息技术的操作与运用上有了很大的变化。

1. 兴趣引领教师自主学习

"信息技术支持小组"的成员完全由教师自主申报产生，这些申报的教师都是对信息技术研究很感兴趣的教师，也是在此方面有一些特长的教师。基于组内老师对于信息技术的喜爱，以及在组内担任着为全体教师服务的责任，所以小组中老师们的自主学习氛围特别强烈，老师们的学习、研究能力大大地增强了。同时，自身的信息技术水平也在不断提高。小组成员每次都能将自己学习到的东西认真、反复地琢磨和研究，并将好的方法、技能及时与全体教师们分享。例如，组内王哲雅老师在看到其他幼儿园展示的新颖PPT后，回来就不断在网上查找此种PPT的制作软件，找到后发现软件是全英文的，制作起来有很大的困难，但王老师一个单词一个单词地翻译，将软件翻译成中文后再尝试制作，一次不成功，就做第二次、第三次……直到自己将PPT制作完成，制作成的PPT得到了老师们的一致赞扬。张安馨老师自主研究微场景软件，并运用到班级活动的图片展示上，推荐给全体教师，她也将试用起来比较适用的制作相片的APP推荐给了全体教师，方便教师们为班级幼儿制作电子相册，等等。

2. 互助、互帮促教师专业发展

"信息技术支持小组"作为一个服务小组总是出现在教师们的身旁。当教师们在课件制作上遇到困难，如音频连接不上、大屏连接不成功时，都会看到信息技术支持小组的成员在帮助老师们解决。这样一对一地指导不仅解决了问题，而且也帮助教师掌握了课件的制作方法，从而让教师们的活动开展得更顺利。当然，教师们有任何的问题都可以直接找到信息小组的教师寻求帮助。例如，园所为每个班级都安装了电子白板，教师们对电子白板的操作与使用、课件的制作等有了更多的需求，使用中的困惑也很多。于是，小组针对教师们的共同需求开展了一系列的培训活动，先后进行了电子白板操作与使用、课件制作、音频图片制作、云盘使用及电子相册制作等培训。这种基于教师需求的培训，让教师们很受用，也很解渴。通过一系列的培训，教师们对信息技术在工作、教学中的运用渐渐熟悉了，操作也更为灵活了。这种互帮、互助也带动了教师们的专业发展。

3. 依据需求自主发展

当我们为教师创设了自由、开放的空间环境时，教师们也更愿意展示她们自己的想法和需求。在"信息技术支持小组"的带动下，教师们对信息技术在教学中运用有了更多的渴望，也有了更多自主学习的积极性。很多教师都提出想多了解其他学校及幼儿园开展信息技术教学活动的情况，从而开阔自己的眼界，拓宽自己开展信息技术活动的设计思路。园所非常支持老师们这种主动学习、自主发展的做法，并为教师们积极联系了丰台三小、方庄二幼等学校进行实地学习与交流。在学习时，老师们拍照、录像，生怕自己落下什么，对自己不明白的一定会追着学校的教师问个明白。通过学习，教师们受益匪浅，不仅开阔了眼界，学习到很多东西，而且对于开展信息技术活动有了新的认识与想法。学习回来后，教

师们就凑在一起分享、讨论学习心得，一起研究学习到的 iPAD 软件，并积极将学习到的内容在班级教学活动中进行尝试。通过教师们一遍遍地研究与实践，老师们运用信息技术方面有了很大的提高。

"信息技术小组"的成立，让园所教师们的信息技术水平有了很大的提高，教师们的学习也变得更为积极主动了，现在教师们呈现出的更多是我想学、我要学的氛围，真正做到了教师们自主需求式的发展。